一粒の麦死して

弁護士・森長英三郎の「大逆事件」

一粒の麦死して

弁護士・森長英三郎の「大逆事件」

田中伸尚

岩波書店

「事実が真実として存在するためには、その事実が想像力のなかで再生産されなくてはならない」

——金時鐘（金石範・金時鐘『なぜ書きつづけてきたか　なぜ沈黙してきたか
済州島四・三事件の記憶と文学』平凡社、二〇〇一年より）

目　次

◇本書の表記について

＊「大逆事件の真実をあきらかにする会」は、初出以外は「あきらかにする会」と略記した。同会発行のニュースは原則として号数のみにし、適宜発行年月を表記した。

＊引用資料や書簡についてはなるべく原文表記によったが、読みやすさを重視して適宜漢字を仮名に改め句読点を補い、現代仮名遣いに直した。また明らかな誤字はママとせず、訂正した。小説、詩など文学作品については原文のママにした。

＊引用文中の（ ）は資料原文のママで、〔 〕は引用者である。

＊年号は西暦に統一し、元号表記は引用原文にある場合に限った。

＊地名については、わかる範囲で現在地名を表記した。

＊「大逆事件」で適用され、現刑法から削除された第七三条から七六条までの「皇室ニ対スル罪」については「皇室危害罪」、第七三条については「天皇等危害罪」と表記した。これは「大逆罪」という罪名は存在しないと指摘した金子武嗣弁護士の教示にしたがった。

＊第3章で『宮本百合子全集』は、初出をのぞき『全集』とし、巻数は洋数字にした。

「月報」も同じ。
＊第5章で『禄亭大石誠之助』及び『大石誠之助全集』(全二巻)は、初出をのぞき『評伝』、『全集』と略記した。
＊本文中の書籍は原則として刊行年を省き、雑誌、機関紙・誌や新聞については適宜発行年月日を入れた。書誌データは巻末に収めた。
＊掲載写真について「森長資料」とあるのは、法政大学ボアソナード記念現代法研究所所蔵の「森長英三郎資料」からのものである。同「森長資料」の写真・資料は、現代法研究所より使用許可を得て本書に掲載しているが、それに伴って生じる一切の責任は、著者と岩波書店にある。
＊本文中、直接お話をうかがった方を除いて原則として敬称を略させていただきました。

第1章

前夜の回廊

森長英三郎
（森長資料）

戦後住んだ千葉県松戸市内の共同住宅での正月の集合写真．後列右端が森長（1948年1月2日．渋谷桂子さん提供）

父が亡くなってからいろいろ訊ねられるんですが、お話しできることはあまりないんです。娘は私だけで上に兄二人と弟が一人いますが、父は仕事の中身などについて私たちにはほとんど話しませんでしたし、生い立ちや来し方など聞いたこともありません。農業学校出とは知っていましたが、どうして畑違いの弁護士の道に進んだのかというようなことも父からは聞いたことがないんです。弁護士になるまではグレて浅草や山谷を放浪していた話は、本人がどこかに書いていましたので、その辺について訊かれることはありますが、どうしてグレたのか、何をしていたのかは子どもには話しませんでしたから、さっぱりわかりません。父は口数の少ない人で、私たちのほうからも訊ねたことがあまりなくて。

有名な冤罪事件の「丸正事件」などでとても親しくさせていただいた弁護士の正木ひろしさんには、「救世軍の社会鍋の世話になった」など断片的には苦労話をしていたようです。そういう話を聞くと胸が痛くなるんです。そんな苦労を何にも知らなくて。

えっ、母ですか。たしかに父のかたえにいましたから、いろいろ断片的には聞いているかもしれませんが、私たちは母からも父のことについてはあまり聞いていないんです。母は浜松の呉服屋の娘で、そのと言います。なんでも大先輩の弁護士の布施辰治さんご夫妻の勧めで父と一緒になったと聞いています。それについては父が珍しくちらっと書いていたので知ったんです。

父は敗戦後には労働事件をたくさん手掛け、労働弁護士の草分けといわれ、かなり遅くまで労働組合の顧問弁護士をしていたようです。でもライフワークとして取り組んだのは「大逆事件」だと私は思っています。「大逆事件」については、私は学校ではなく家の中で耳にしていましたが、とくに関心を持っていたわけではありません。ですから詳しいことは何も知らないんです。父が担当した再審請求は、私が二〇歳前後のころで、えらいなあと思いましたが、自分のことしか関心のなかった学生で……兄たちはもう家を出ていました。七つ下の弟は、たしかまだ中学生でした。

新宿区大京町の事務所兼自宅に再審請求人の坂本清馬《せいま》さんや森近栄子《ひでこ》さん・菊雄さんご夫妻がお見えになって泊まっていかれたことも何度かありました。ですから関心はなくても再審請求のことは何となくわかっていました。でも父からは、再審請求が棄却されたことについての批判めいたことばは聞いたことがありません。

そうそう私家版の『風霜《ふうそう》五十余年』というパンフレットのような小さな本がありますでしょう。事件の被害者や遺族の墓誌のような本で、とても反響が大きかったと聞いていますが、私はずいぶん後になって読んで、淡々とした記述ですが、事件に巻きこまれた人びとへの父の思いが書かせたのかもしれないなあと思っています。

父が「大逆事件」にかかわったいきさつや、再審請求が終わってもずっと事件にかかわりつづけたのはどうしてなのか、父に訊ねたこともありませんからよくわからないのです。父のこだわりが何だったのかと、ふと思うことがあります。でも書くことはとても好きでしたね。ええ、最後の作品も「大逆事件」で刑死した『内山愚童』で、あれは校正もみんな終わっていたのですが、あまりに急な死でしたから、父は手に出来ませんでした。

戦争ですか？　実は父は徴《と》られていません。徴兵されてもおかしくない年齢で、それについては私も不思議に思って、いつでしたか母に訊いたことがあるんです。そうしたら、なんでも徴兵検査で落ちたと。身体的にどこが悪くて不合格だったのかわかりません。両方の耳はかなり難聴だったようで、医者嫌いでしたが、耳鼻科にだけは定期的に通っていたようです。引き出しに補聴器の残骸が残っているんですよ。一度、「法廷で困らないの」って訊いたことがあります。そうしたら「何とかなるもんだよ」って。でも、それが理由で徴兵されなかったのかどうかはわかりません。

周囲がどんどん徴兵されていくので母は複雑だったみたいですが、敗戦間際には父も徴られる寸前だったと聞いたことがあります。ええ母から。戦争の末期にはかなり高齢者も徴兵されていましたから。敗戦時、父は三九歳でした。

父が個人史を語らなかったのは子どもたちにだけでなく、最も長いつきあいをしていた「大逆事件の真実をあきらかにする会」の人たちや弁護士、編集者の方たちにもほとんど同じで、どなたも聞いておられないみたいですね。そもそも自分の個人的なことに触れられるのがとても嫌いで、それについては父が亡くなった後に多くの方が追悼文などでもお書きになっています。「大逆事件」とは別に親しかった澤地久枝さんの追想記にも「ほとんどおのれを語らず」とありますね。隠すというのではなくて、父にはごく自然だったんだと思います。

三島由紀夫の『宴のあと』をめぐる裁判、ご存知ですよね、日本で初めてプライバシー権が確立することになる訴訟を引き受けたのも、父のそうした生き方と重なっていたからかもしれないなあと、思ったりもします。「大逆事件」の再審請求とプライバシー裁判はほぼ同時進行で進んでいて、両方ともマスコミが大きく報道していた事件でしたから父の名前が学校の先生や友だちの間では知られていました。でも先ほども言いましたように、私たちにはそれ以上ではなかったですね。

あとで聞いた話ですが、再審請求はずいぶんお金がかかり、いろんなところからカンパもあったようですが、父は個人的な負担もしていたようです。「大逆事件」は規模が大きく全国に拡がっていましたから、請求人の方だけでなく連座された被害者の遺族探し、見舞い、お墓の探索などでしょっちゅうあちこち行っていました。関係地は全部回ったのではないでしょうか。そこまで父がこだわったのはどうしてなのか、私にはよくわかりません。

古河力作の墓参をする森長(1983年5月下旬．渋谷桂子さん提供)

ここに何枚かある写真を見て下さい。わりあいよく撮れていますでしょう。事件で刑死された古河力作さんのお墓が福井県小浜市にあって、父がそこへ行ったときの写真です。一九八三年五月二四日から二泊三日でした。父が出立して後から追いかけるようにしてついて行かれた弁護士の関原勇さんから頂きました。事件の連座者の展墓の旅は二〇年以上かかって古河さんの墓参でやっと終わったようです。

母が亡くなって間もなくのことでした。父が母の実家の浜松へ行っていたときに「大逆事件」の被害者の遺族の方がお見えになって、お線香をあげさせてほしいと。父に連絡したら、「大逆事件」の遺族は何代にもわたって社会から差別され、生まれたところに住めないなど大変なんだよって、その方も事件のせいで職場を転々とせざるを得なかったそうで、今晩は泊めてあげなさいって言われました。どなたでしたか、もうお名前も忘れてしまって、ごめんなさい。中年の女性の方でした。翌朝、気づいたら「志」と書かれた封筒が仏壇に上がっていました。父は無宗教ですが、母は真言宗で戒名もつけてもらっています。私がミニ仏壇を買って来たら、父は毎朝、お煎茶だけ上げていましたね。

父は子どものころから無類の本好きで、古書店からの案内本に赤鉛筆で傍線を引いて、事件関係だけでなく文学から画集、詩集を買い集め、稀覯《きこう》もずいぶん蒐集していました。一〇〇部とか一五〇部しか刷らない小説の初版本もずいぶんたくさんあります。ここにあります林芙美子の『歴世』は奥付を見ると一〇〇部しか出していないのですが、父は七七部目の購入者だったことがわかります。こういう稀覯は好きでしたね。ことに竹久夢二はかなり好きだったようで何冊か古書があります。もう亡くなられましたが、童画家で版画家の武井武雄さんてご存知ですか？　父は武井さんの造った一五センチほどの豆本をほとんど全部持っていて「武井武雄刊行本作品友の会」の会員にもなっていました。趣味ですね。私が受け継いで会員になっています。

父の遺した書籍や裁判資料、頂いたお手紙などはほとんどすべて、いろんな方のお世話で法政大学のボアソナード記念現代法研究所に寄贈しましたが、こうした稀覯の類は、兄弟で分けました。そんなわけですから、父が口癖のように言っていた「貧乏」も仕方がなかったのかしら。きっとそれらは全部母がやりくりしていたんです。母からはグチ一つ聞きませんでしたが。

父は派手なこと、目立つこと、権威や権力はもちろん形式主義が嫌いで、照れ屋でしたね。「大逆事件」関係のどなたかから聞いた話ですが、たしか大石誠之助の本を出したときにごく限られた方が密かに出版パーティを企画して日時、場所も決め、出欠も取った後に父に実はと持ちかけたんです。皆さんは、父がそういうことが大嫌いなことを知っておられましたが、場所も出席者も決めて予約したら、参加してくれるだろうと思われたそうです。ところが父は、私は行きません、皆さんでやって下さいと断ったんだそうです。企画はお流れになりました。何でしょうねえ、そこまでのこだわりは娘の私もよくわかりません。

私が結婚してどれぐらいしてからか、母が亡くなる前でしたが、突然父から「遺言」が送られてきて、これからは何かあればこれを見るようにって書いてあってびっくりしたことがありました。父は母より一〇歳ほど上でしたので、父はきっと自分のほうが先に亡くなるから、後の生活のことを心配して、あれこれ書いておこうと思ったのですね。でも母のほうが先に逝ってしまって。

父は法律雑誌の『判例タイムズ』に書いた文章の冒頭部分のコピーを、さっき言いました遺言と一緒に私たちに送ったりしていたんです。それは葬儀などについて書かれた文章でした。たとえば、葬儀は近親者の出棺で終わり、花輪はもちろん告別式や宗教的儀式は一切拒否、法事、お別れ会、偲ぶ会も断じてお断り、そして伝記や思い出の記などについては「平身低頭して辞退し、非協力に対処すること」と書いてありました。ここまで徹底していたんです。でも、あまりに突然の死で父の遺言は、「伝記」をのぞいてみんな吹き飛んでしまいました。
実は父は、自分の死亡記事をマスコミ用に便箋に書いて事前に用意していたんですよ。日時、病名、年齢を空欄にして。なんだか可笑しいですよね。ご覧になりますか？

森長英三郎（弁護士）

月　日　午　分、自宅において　病にて死去。　歳。自宅新宿区大京町二一番地、喪主長男森長英男。故人の遺志により本葬は行わず　日　時より家族葬を行った。
明治三九年徳島県に生まる。昭和一一年より弁護士となる。宮本顕治治安維持法事件、各種労働事件、有田対三島のプライバシー事件、大逆事件再審請求事件、正木ひろしらの丸正名誉毀損事件等の弁護人となる。著書『史談裁判』『禄亭大石誠之助』『足尾鉱毒事件』等多し。

でも自筆の死亡記事の存在がわかったのは葬儀の後でしたから、役にはたちませんでした、フフフ。遺言にあった「伝記お断り」の件なんですが、父は奇行奇言で有名な弁護士の山崎今朝弥《けさや》の評伝や多くの先輩弁護士の小伝なんかいっぱい書いています。それなのに自分のことになると、「伝記拒否」なんてなんだか矛盾しているような気もします。ただ私たちとしては父の伝記のようなものについては、意思に背くことになるようなので、正直言って悩みました。現在はしかし、「あれは反語」と受け止めることにしたんです。
父のそうした生き方や、権威や形式などを極端に排したこだわりは、お墓を見て下さる機会があればいくらかはわかっていただけるかもしれません。ええ、お墓は東京都・八王子霊園にあります。

森長英三郎の長女の渋谷桂子さんに教えられて、わたしが東京都・八王子霊園を訪ねたのは、二〇一八年七月中旬のある日の昼下がりだった。墓参というのは森長にそぐわないので、見に行こうと思った。その日は黒い雲が疾風のように走り、道中激しい驟雨《しゅうう》に何度か見舞われた。JR中央線高尾駅前の花屋で菊花は避けて、思いっきり艶やかな色のトルコ桔梗《ききょう》やバラを中心に需《もと》め、駅前から出ているバスに乗った。途中多摩森林科学園（桜の実験林）の溢れる緑の中を抜けて、霊園正門前まで約二〇分。都道を挟んで西園と東園に分かれている広大な霊園である。六四ヘクタールという。桜、栃の木、桂、それにアジサイが目立ち、鳥のさえずりが雨の中でも耳に届いた。一九七一年に開園して以後、埋葬者は約一〇万体以上になる。桂子さんから森長の墓は西園にあり、正門前から歩いて一五分ぐらいで「13区24側50番」と教えられていた。墓参シーズンから外れていたせいか、雨に煙った霊園に整然と並ぶ墓群の中で森長の墓を見つけるのは簡単だった。

横長のごくふつうの御影石の墓には正面に「森長墓」とのみ黒く刻まれているだけで、多くの墓碑につく「〇〇家」はない。墓のどこにも英三郎

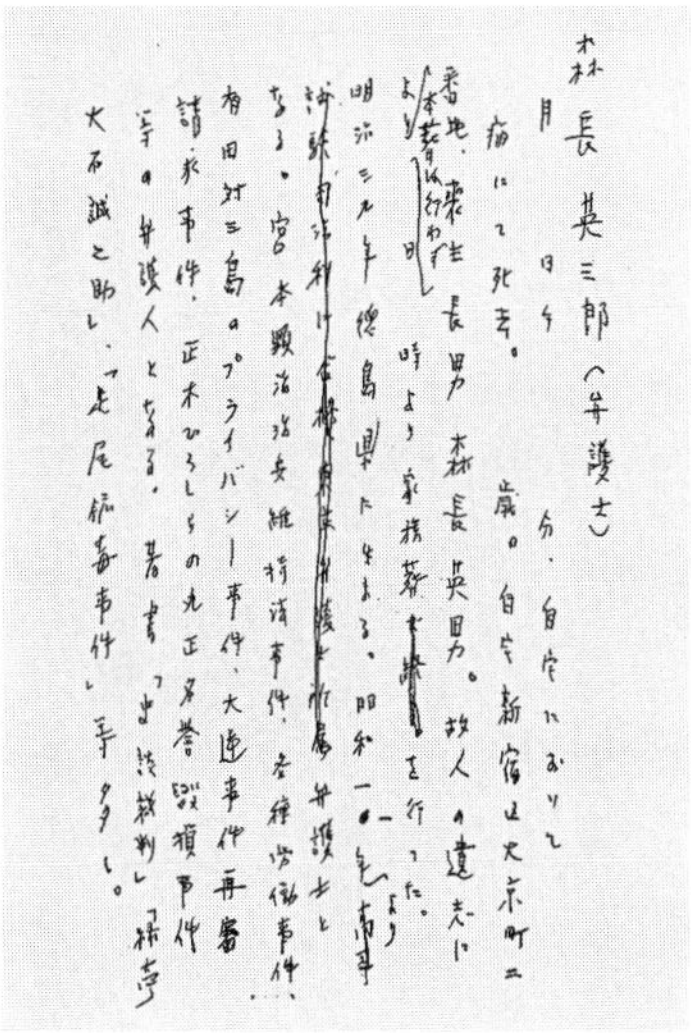

森長の自筆の死亡記事（渋谷桂子さん提供）

東京都八王子霊園の森長の墓(著者撮影)

の個人名がない。背面にも何も書かれていない。のっぺらぼうのようだ。「家」でもなく「個人」でもない墓だ。周囲に並ぶ一〇〇基ほどの墓を見て回ったところ、「家」のない墓がもう一基だけあった。墓石の左上に十字架が刻まれている。裏面には墓誌が記されており、埋葬者や没年などもわかる。森長はクリスチャンではない。「森長墓」だけでは、「家」はなくてもいいが、埋葬者が誰なのかはわからないし、埋葬されている人物の死亡年月日も不明である。桂子さんに聞けば母のそのも入っているという。うーん。事前に仄《ほの》めかされてはいたが、いかにも森長らしい。でもどこかしっくりしない。これなら墓は不要だったのではとも思ってしまう。わたしは傘を翳《かざ》し、しゃがみこみ森長墓に向き合ってつぶやいていた。

〈森長さん、これは墓参なんかしなくてよろしい、というメッセージなのでしょうか。それはいいかもしれませんが、お連れ合いのそのさんの意思もあなたと同じだったのでしょうか〉

お節介と承知しながら、わたしは墓参後に桂子さんにそんな感想を書き送った。桂子さんからの返事は、そうですか……実はどうしようかと、以前から話には出るのですが……。

けれど「森長墓」は桂子さんが言うようにたしかに森長の生き方、思想を表象してあるのだ。

森長と「大逆事件」についての取材をするようになり、生地の東京を離れた桂子さんから話をうかがうようになって、かれこれ七年になる。「大逆事件」への森長の終生にわたる取り組みがなければ、被害者の社会的「復権」が現在のように進むことはなかった。「大逆事件」が今なおさまざまな形で表現されつづけることもない。わたしは「大逆事件」を歩きつづけて二〇年を超えたが、年々その思いが強くなる。「大逆事件」は森長を通して今も生きつづけている——と。

御手紙有り難く拝見致し候。ついては我等不遇の徒のために刑の免除及び復権の運動をなし下さるよし、誠に有り難く深謝奉り候。御好意に甘え何卒よろしくお願い申上げ候。いずれ詳しき事は、次便にて申し上ぐべく候。先ずは取り敢えず御礼申上げ候。　早々敬具

昭和二二年二月一七日

崎久保誓一

森長英三郎様

一九一〇年から一一年にかけての「大逆事件」に連座させられ、死刑判決を受けた直後に無期に減刑、二九年に秋田刑務所から仮出獄した三重県在住の﨑久保誓一《さきくぼせいいち》から森長英三郎に宛てられた書簡である。期日は敗戦から一年半後の一九四七年二月だ。

「森長資料」には、むろん森長の書簡はないが、﨑久保の文面から森長が特赦に基づく無期刑の免除と

選挙権などの公民権復活（合わせて「復権」。有罪判決が消えるわけではない）の運動をはじめたおり、﨑久保にその意向を尋ねる手紙を出していたことがわかる。﨑久保の返信からは、彼のわくわくするような胸の鼓動が聞こえてくる。囚われたときには二五歳の青年だった﨑久保は六〇を超え、老いの坂を下りはじめていたが、ミカン農家として娘夫婦と一緒にとりあえず平穏に暮らしていた。森長からの手紙で、やっと「春」がくるかもしれない。﨑久保は期待した。

「大逆事件」の仮出獄者には公民権がないばかりではなかった。釈放されても、常に警察に見張られ、居場所を明らかにしなくてはならず、六カ月以上の刑を受ければ、即座に刑務所に連れ戻される。世間からは「大逆犯」の視線を向けられ、そのレッテルはなかなか剝がせない。それが﨑久保ら仮出獄者の身であった。敗戦後、民主主義、人権、平和の憲法が出来たが、﨑久保の身分には何の変化もなかった。特高はいなくなっても警察の眼はどこかにあった。そんなときに「刑の執行停止」である特赦と、公民権復活の「復権」が実現するかもしれない朗報が突然に舞いこんだのである。彼は飛び上がらんばかりに喜んだ。﨑久保は、弁護士・森長には一面識もない。嬉しい反面、信じていいのか不安もあった。彼は森長にぜひにと「お願い」するいっぽう、「大逆事件」で同じ秋田監獄（一九二二年に秋田刑務所）に収容され、一足早く仮出獄して書簡のやりとりをしていた熊本県・山鹿町にいた飛松與次郎《とびまつよじろう》に問い合わせの手紙を出した。

〔前略〕久しくご無沙汰してすみません。私も達者で百姓をやっています。慮外ながらご安心下さい。ついては本日千葉県松戸市相模台弁護士森長英三郎氏より来書向きあり。我ら不遇の徒のために刑の免除及び復権の運動をしておられているよし、誠に親切の人のように思われますが、果たして信用

のおける人ですか。〔後略〕

崎久保が飛松に問い合わせをしたのは森長から手紙の届いた「本日」、つまり同じ三月一七日である。崎久保は森長からの手紙が届いたその日に森長に復権願いを出し、飛松にも森長についての照会の書信を出していたのである。彼の急《せ》くような気持ちの現れだった。飛松もしかし森長を知らなかった。

崎久保は鶴首するような気持ちで森長からの返事を待ったが、一週間待っても、一カ月しても無音だった。諦めかけたところへ森長からいい知らせが届いた。三月二四日である。この間の四〇日は崎久保には長かったが、森長の手紙はやはり仮出獄中の坂本清馬と岡林寅松（号真冬）の二人の「復権」を伝えていた。崎久保は急いで森長に再度の尽力願いの手紙を出す。この返信の日付も森長から坂本と岡林の「復権」を知らせる手紙の届いた同じ三月二四日である。

森長先生、春暖の候　益ご健勝の段大慶の至りに存じ上げます。〔中略〕扨て、御恵送下さった読売新聞拝読、幸徳事件に連座した坂本清馬、岡林寅松の両氏が特赦の恩命に浴し、晴天白日の身になり、来る四月には貴重なる選挙権を行使する事が出来るとの報に接し、私は喜びに堪えず、衷心より両氏の前途を祝福しました。顧みれば明治の末期幸徳事件に連座して下獄して以来、前後数回の恩赦にも皇室に関する七三条の罪人の我等はその都度除外せられ、日陰者として悲嘆の涙を呑んだのでした。しかるに坂本、岡林の特赦を知り、我が事の如く喜びました。

森長先生、次の機会には是非とも私どもも両氏の如く恩典に浴し得られますようお骨折り下さる事、伏して御願い申し上げます。

昭和二二年三月二四日

崎久保誓一

森長先生

自由法曹団の先生

「大逆事件」で死刑判決を受けた後に無期減刑になり、辛うじて死刑を免れた一二人のうち八人が獄中で病気や自殺で亡くなり、戦後一九四七年の時点で命を長らえていたのは﨑久保、飛松、岡林、坂本のわずか四人だった。結局、未曽有の権力犯罪で刑死者一二人を含めて二〇人が命を失っていた。﨑久保の手紙にあるように坂本と岡林はすでに四七年二月二四日に「復権」していた。

「森長資料」には森長英三郎の遺していた「大逆事件」や多くの労働事件関係の膨大な資料のほかに、一〇〇〇人を超えるさまざまな人びとからの数千通に上る手紙、はがき、電報などが収められてある。森長から四人に出された書簡は残っていないが、四人の書簡から「復権」などの様子はうかがえる。

三月二四日付の﨑久保の返信の宛先は森長だけでなく、自由法曹団にもなっている。「復権」が森長と自由法曹団の働きによって進んでいる様子がわかる。自由法曹団は一九二一年八月、第一次大戦後のロシア革命の影響などによって各地で労働争議が続発するようになり、労働者らの権利擁護と拡大のために結成された。布施辰治、山崎今朝弥、上村進、三輪寿壮、片山哲らが参加し「闘う弁護士集団」として活躍するが、二五年制定の治安維持法などの治安体制の強化によって弁護士まで検挙、起訴されるという弾圧がつづき、戦争の激化が重なって団としての活動は中断せざるを得なくなった。森長が弁護士になった三〇年代半ばごろには、自由法曹団は事実上、活動中止状態だった。彼がメンバーになったのは、一九四五年一〇月八日の自由法曹団の再建後である。

敗戦後の森長の弁護士活動の再開はかなり早かった。四五年四月の空襲で新宿区番衆町（現・新宿五丁目）の自宅兼事務所が戦災で焼失し、疎開先から単身で東京へ戻り一〇月に都内の阿佐谷で仮住まいし、郷里に疎開していた妻と子どもたちと暮らせる住宅を探し、ようやく千葉県松戸市相模台（現・同市岩瀬）の集合住宅に落ち着いた。四六年の初めごろだ。森長は四〇歳で働き盛りだった。

その年の九月のある日だった。森長の自宅に高知出身で評論家の山本正美が訪れ、「大逆事件」連座者で生存している同郷の坂本清馬と岡林寅松の「復権」に協力してほしいと頼んだ。同じころ法学者として知られ、戦時中には治安維持法による弾圧で囚われの体験もあった平野義太郎が、山本からの懇情もあって再建自由法曹団に「復権」を依頼していた。森長は「大逆事件」は知っていたが、事件の被害者が生存していることをこのとき初めて知った。想像もしていなかったようだ。もしかしたら、まだ何人かが存命しているかもしれない。彼の心が動いた。行動も早かった。

現憲法公布直前の一〇月二一日、森長ら自由法曹団の三人の弁護士が焼け残った霞が関一丁目の司法省へ行き、不在の司法相（木村篤太郎）に代わって応対した秘書課長らに坂本と岡林の「復権」、事件の真相の公表などを要求した。このとき自由法曹団が添付した文書の写しが「森長資料」にある。

「〔「大逆事件」は〕多数の死刑、無期囚を出したが、実際に事件に関係のあった者は管野すが、新村《にいむら》忠雄、宮下太吉、古河力作の四名であって、その四名についても針小棒大にでっち上げられたものであり、まして他の者においてをやというわけである。そして幸徳はこれらの者の思想的中心であったが、幸徳はテロリストでは決してなく、この事件にも直接の関係はなかったといわれ、調書と判決書の一致しないことが指摘せられている。とにかく政府の意図は当時の社会主義者、無政府主義者を弾圧し根絶しようとの意図の下に、かくも全く無茶な犯罪をでっち上げたものだということは、今日では半ば公知の事実となっている」

「この事件の大部分の被告は事件に関係なく、無政府主義者というだけで弾圧せられた政治犯人である。だから民主主義国家となった以上、政府は速やかにその真相を公表し、生存者に対しては無辜の罪により長く拘禁したことを陳謝し、速やかに刑の免除と復権の措置を講ずることが至当であると考える」

敗戦間もない四六年秋の文書だが、現在までの研究成果から見ても「事件」の本質をわりあい正確に捉え、真相公表と謝罪まで求めている。表現も敗戦直後の「民主主義の風」が追い風になっている様が感じられる。執筆者はわからないが、その後の「大逆事件」の真相追求史から見て、おそらく森長だろう。

この日の司法省への要請を各紙記者が取材したが、『朝日新聞』(一〇月二二日付)は二面中ほどに「大逆事件の真相/二氏の復権を要求」の見出しで伝えた。

「明治四十三年幸徳秋水のいわゆる大逆事件に連座、昭和六年仮出獄した高知県幡多《はた》郡中村町坂本清馬(六二)、高知市外岡林真冬(七二)は、当時単に無政府主義者との理由で断罪されたまま、まだ一度の恩典にも浴されず今日に及んでいるので、二一日自由法曹団を通じ司法省に刑の免除、復権ならびに当時の真相公表を請求した」

わずか一〇行の一段記事だが「大逆事件」に関する戦後の最初の報道で、「復権」だけでなく事件の真相を明らかにするよう求めている点も報じられている。ほぼ同じ内容の記事が同日付の『毎日新聞』などにも掲載された。森長は新しい憲法発布による恩赦に基づいて、事件被害者の「復権」問題で自由法曹団の中心として積極的に動き、一一月一日には自由法曹団の福田力之助と一緒に司法省刑事局長を訪ね、その後はどうなっているのかと経過を質ねた。

「いま大逆罪を大赦により刑の免除をすることは困難であるが、出獄後別に悪いこともしていなければ、そして住居地検事正からの上申があれば、自由法曹団が別紙で述べられた〔中略〕ごとき事情と判った以上、本省では特赦を考慮しよう」

刑事局長のこの回答を得て自由法曹団は、坂本と岡林に高知県の検事正宛ての「上申書」を出すように伝え、二人の復権が約三カ月後の四七年二月二四日付で実現したのだった。森長は二人の復権の経過を崎久保に伝え、飛松にも同様の経過を書き送った。飛松から達筆の礼状が三月二五日付で届いた。

「〔前略〕未だ一度も御面識の機会もなき私の事まで御心にかけて下され何と御礼の申上げようもこれなく候。永年日陰者として生活致し居り候ところ新憲法発布とともに青天白日の身となる事を得るようにて喜びに堪えず候」

そのころ飛松は熊本県山鹿町役場の臨時職員としてやっと糊口をしのぐ身で、森長の骨折りが心に染み入った。まだ「復権」は実現していないが、短い文面に彼の喜びと感謝の気持ちが滲《にじ》み出ている。崎久保と飛松は森長に言われたように、それぞれ管轄の検事正に刑の免除と復権を求める上申書を出した。ところが一年以上待っても何の通知もない。ダメになったのではないかと不安でたまらず、崎久保は森長に「毎日待っておりましても何の御通知もない。がっかりしております」と書き送る。四八年六月二八日付である。末尾では「坂本岡林両君が恩赦になって居るのに私どもが駄目とは誠に悲しいことであります」と諦めてしまったかのよう。同じ日、飛松からも不安とさらなる尽力を懇願する手紙が森長の許に届く。

「〔前略〕さて先般来御愛情に預かり居り候特赦復権の儀どうなり居り候や。〔中略〕﨑久保誓一氏よりもどうなり居るかと尋ね来たり候　同人も非常に待ち居り候

先生も事務御多忙中御手数とは存じ候えども何卒つよく復権の恩命に接し得るよう御尽力下されたく伏して願い上げ候」

彼らに死刑判決を送りつけ、死の淵にまで追いやり、人生を奪い取った刑法第七三条から第七六条までの「皇室危害罪」は、すでに四七年一〇月二六日に刑法から削除されていた。マッカーサーの指令でやっと削除されたのだが、﨑久保らにはだからなおさら復権されていいはずだという思いが募った。

森長が﨑久保や飛松からのすがるような哀願の書簡を受け取ったのと入れ違いのように、六月二八日付で﨑久保と飛松の「復権」がようやく実現した。森長はそれを報じる新聞を二人に送った。

「御手紙かたじけなく拝見、かさねがさねの御厚情により私も特赦の恩命に浴する事を得ました事は真に嬉しく心底より感謝申し上げます。

こうして完全な自由の身になりました上は一度上京して、森長先生はじめ布施先生など大恩人に拝顔の栄を得たいものと念願しています。秋田監獄の一九年、仮釈放後の一九年ずいぶん苦しい長い生活でした。この頃ユーゴの噫《ああ》無情を新宮《しんぐう》市〔和歌山県〕で買い来たり読んで泣きました。暑さきびしくなります。御身御大切に祈り上げます」

一九四八年七月一〇日付の﨑久保からの感謝に満ちた礼状を森長はどんな思いで読んだろうか。飛松も

七月九日付で「偏に先生今春以来御尽力下され候賜物」と感涙の書状を森長に書き送った。その中で彼も御礼かたがた上京したいと認めている。

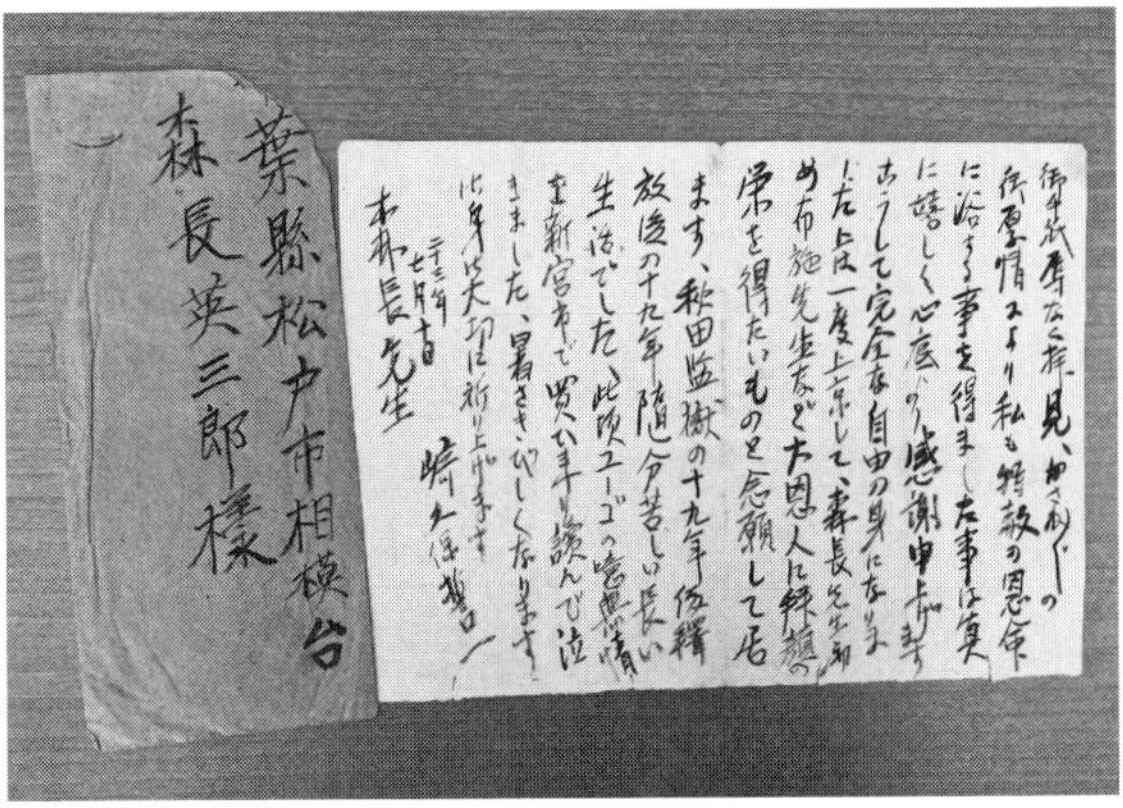

崎久保誓一から森長への復権尽力について感謝する手紙（森長資料）

自由法曹団の森長を中心にした「大逆事件」被害者の刑の執行停止などへの取り組みは、敗戦による占領下、混沌とした政治状況にもかかわらず非常に素早かった。「民主化」という時代の風が後押ししただけでなく、森長の働きがあったからだ。坂本ら四人の「復権」は、その後に起きる再審請求運動から現在につづく社会的・市民的復権運動の幕開けとなった。

森長は「大逆事件」被害者のために初めて法的な救済の手を差し伸べた弁護士となったのだが、大審院で二四人に死刑判決が出たときには五歳だった。まさか「大逆事件」で生存していた被害者の「復権」の手助けをするとは思いもよらなかったろう。

坂本ら四人の「復権」によって森長は、「大逆事件」の司法的な問題は一件落着したと考えていたようだ。

このころの森長は、労働弁護士のパイオニアの道を歩きはじめていた。

一九四六年五月一九日、皇居前広場に二五万人が集まった飯米獲得人民大会、いわゆる食糧メーデーが開かれた。その際に「詔書　ヒロヒト曰く　国体はゴジされたぞ　朕はタラフク食ってるぞ　ナンジ人民飢えて死ね　ギョメイギョジ　日本共産党田中精機細胞」と書いたプラカードを持ってデモ行進した松島松太郎（二〇〇一年死去）が捕まり、刑法第七四条の不敬罪で起訴された。「プラカード事件」である。

八月から東京地裁ではじまった訴訟には、自由法曹団中心の十数人の弁護士が加わった。弁護団長は布施辰治で、正木ひろし、上村進、神道寛次《じんどうかんじ》らと一緒に森長も弁護団に参加した。第一審で弁護団はポツダム宣言の受諾、四五年一〇月四日のＧＨＱの「人権指令」、四六年元日の天皇の、いわゆる「人間宣言」（国運振興詔書）などを根拠に不敬罪はすでに消滅していると主張した。一一月二日、地裁は不敬罪の適用を断念し、告発されてもいないのに親告罪の刑法第二三〇条第一項の名誉棄損罪で有罪にした。松島は控訴したが、東京高裁は「不敬罪の規定が、新憲法下の天皇の地位にてらしても、いわゆる名誉棄損罪の特別罪としてなお存続している」という奇妙な解釈で、しかし「不敬罪に対しては大赦があった」という理由で免訴判決にしてしまった。司法は必死に刑法の皇室危害罪（第七三―七六条）を守ろうとしたのである。松島は無罪を求めて上告した。

森長が「プラカード事件」裁判でどういう役割を果たしたかははっきりしないが、「森長資料」には、布施や正木の「上告趣意」とともに森長のそれもある。彼は、不敬罪は存在していない、不敬罪は天皇の地位の変更によって効力を持たない、民主主義と不敬罪は両立しない、不敬罪は違憲である、仮に不敬罪が存在するとしても松島の書いたプラカードは風刺による政治批判であるから罪にはならない、の五つの理由を挙げて無罪を主張している。五つめの風刺による政治批判は、民主主義に必要であるという指摘が他の弁護士とは異なるところで、森長らしいと思えた。「上告趣意」の末尾で森長が書いている部分を読んでみる。

「本件プラカードの表現は風刺として当然に誇張や歪曲があるが、その底には一貫した力強いヒュウマニズムが流れている。だからこれによって民主主義の教養ある人間は不快の感じをうけない。もしこれによって不快の感じをうけるものがあるとするならば、それは司法官等によくあるような、ユーモアを解せず、芸術的感性のない化石となった人間か、あるいはながい期間における不当な天皇崇拝の封建的教育をうけて、ものごとを批判する慣習をもたない人間であって、このようなものはここでは標準にならない。右のような本件プラカードの文言を目にして、不敬であるとし、あるいは名誉毀損罪の構成要件である誹毀誹謗侮辱等であると判断するのは、法律の適用を誤っているといわねばならぬ」

皮肉のこもった「上告趣意」で、幅が狭く、奥行きも感じられない戦前・戦中からつづく司法の姿を捉えていた。

松島を裁いた「皇室危害罪」は上告審の判決前に刑法から消えていたが、最高裁は四八年五月二六日、松島の上告を棄却し、高裁の免訴判決を維持した。戦後司法はまだ「天皇の裁判官」から自由になっていなかった。

「プラカード事件」訴訟が進むいっぽう、米ソ対立の影響があって労働運動が弾圧され、戦後になってようやく根付きはじめた自由と民主主義が危うくなっていく。その大きな変わり目が朝鮮戦争によってはじまった、「日本版赤狩り」のレッドパージで、森長はこれに関係した多くの労働事件に積極的にかかわっていく。

敗戦前、「大逆事件」については公に語られることはなかった。森長がひそかに事件のことを耳にしたのは、弁護士が人生の職業として視野に入るはるか前、二〇歳前だったという。それはフォークロアのような語りだった。まだ「幸徳事件」と言われていたころである。

「初めて知ったのは、大正の末年であったか昭和のはじめであったか、記憶はさだかではない。しかしそれも明治天皇を暗殺しようとした一味として、ヒロイズムで友が語るのをきいただけ」。四人の「復権」から一〇年近くたった一九五六年一月に雑誌『労働経済旬報』に寄せた「大逆事件と私」の中でこうふり返っている。友の間では、「大逆事件」がさまざまに脚色され、ときに色付けされながらひそやかに伝えられていたのだろうが、事件の真相には遠かった。

森長が「大逆事件」をいくらか身近に感じるようになったのは、「大逆事件」の弁護人の一人で、近代日本の法曹界では花井卓蔵と並ぶ大弁護士と知られた今村力三郎が、一九二五年に書下ろした私家版の『芻言《すうげん》』を読んでからだ。今村は、事件の原因について警察の思想・言論の自由への激しい弾圧が生んだと指摘、また裁判の審理についても厳しく批判し、判決に「心服せず」と書き、ごく限られた要人らに配布したが、評判になり翌二六年に増し刷りし、その後も写しがガリ版刷りで流布されていった。発禁にもならず例外的に残った唯一の事件批判書であるが、それは皇室を尊敬する今村の思想的な立場とも関係があるだろう。

『芻言』を読んだ時期を森長はどこにも語っていないが、おそらく弁護士になった戦前で、ガリ版刷りの『芻言』だったと思われる。ただそのころの森長には今村の『芻言』を読んでも事件の全容を伝えているとは思えず、法曹界の専門紙『法律新聞』に掲載された判決文まで追いかけて読んだ。それだけ「大逆事件」に関心を抱いたということだが、それでも事件の真相はよくわからなかったという。数少ない森長の語りから、すでに戦前に「大逆事件」への関心を持っていた様子は十分にうかがえる。それが法律家としての関心からだったのか、思想的なところからなのか、それとも政治的な興味からか、あるいは別の関心からだったのか。

森長の「大逆事件」へのかかわりの長さ、深さ、こだわりの原点が何だったのかを知るには、もう少し彼の歩んだ道をたどってゆかないとつかめない。

森長が後悔しているのは、戦後まで存命で専修大学の総長だった今村に一度も会わなかったことである。戦前も戦後も今村には会わなかった森長だが、今村の最後の弟子で戦後の片山哲社会党内閣の司法大臣から法務総裁（司法省廃止後に法務庁設置）を務めた弁護士の鈴木義男とは、戦前から交流があった。鈴木は、今村から「大逆事件」裁判では力足らずで、被告人らに申し訳なかった、かわいそうだったという話をくり返し聞かされ、それを弁護士として後輩の森長に語ったという。「大逆事件」の再審請求運動に慶應義塾大学の学生時代からかかわり、森長と長く交わった社会政策学者の小松隆二さんが教えてくれた話である。「森長さんからは、何度も鈴木先生に今村先生の思いを聞かされたとうかがいましたね」。

被害者を救えなかったことについての今村の慚愧の念は、仮出獄後に書簡のやりとりをしていた﨑久保への手紙にもある。「遺憾の事のみ多くして慚愧の至りに御座候」（一九三二年一月一〇日付）。森長が今村の思いを鈴木からくり返し聞かされた時期が、敗戦前だったのか、敗戦後だったのかはわからない。

森長が書き残した多くの弁護士の列伝の中には鈴木は取り上げられていない。鈴木がくり返し語ったという口伝も見当たらないが、小松さんの話からすると、敗戦前に今村の思いを鈴木から聞かされた森長は、法律家として何とかしなければという思いをずっと胸底に折りたたむように重ねていったとも考えられる。それが森長の「大逆事件」に向かう埋《うず》み火だったという見方もできるが、であれば四六年秋に持ちこまれた被害者らの訴えに森長が率先し、積極的に、かつ素早い対応をしたのも腑に落ちる。その際に、当時の司法省に出した要求文書に事件の姿をかなり正確に書き記すことが出来たのも、『芻言』から得た知識があったからだろう。

「〔前略〕私は誓一の娘の夫に当る者です。未だ拝眉を得ない者ですが、永年父は一方ならぬ御世話になりました事を伺って居ります。その後父は、昨年二月以来中風を患い、気管支炎を併発し養生につとめましたが、その効も空しく、去る十月三十日永眠いたしました。本年七十一歳でした。生前の御芳情賜わりました事を遺族としまして茲《ここ》に厚く御礼申上げます。〔後略〕」

崎久保誓一の訃を報せるはがきが娘あやの夫・睦男から森長の許へ届いたのは一九五五年一二月三日だった。左右に分かれていた社会党が統一し、保守合同で自由民主党が生まれ、後に言われる「五五年体制」の幕は上がった。だが、敗戦から一〇年で戦後日本の非戦の坤軸《こんじく》は日米安保体制と自衛隊の創設で大きく揺さぶられるようになっていた。森長は予期せぬ崎久保の訃報に驚き、睦男からのはがきを持ったましばらく茫然とした。森長らの尽力で司法的復権が半歩進んだ四人だったが、高知の岡林は「復権」の翌年の四八年九月に病死した。彼は新しい憲法に死刑廃止を謳うことの必要性を森長宛ての手紙に書いているが、若いころから人権意識の高い人だった。それから五年後の一九五三年九月にいずれ再審請求をしたいと、その意思をにおわせていた飛松が亡くなった。追いかけるように﨑久保の訃報である。﨑久保も再審請求を考えていたようだ。秋田監獄に囚われていたころから再審を求めていた坂本の動きを伝え聞いた今村は、費用のことは心配せずに、また東京まで来なくても再審請求は可能だからという手紙を﨑久保に送っていた。それから間もなくして今村が五四年六月に亡くなり、﨑久保も逝ってしまった。「大逆事件」の被害者で生存しているのは坂本清馬ひとりになった。

森長が事件の再審請求を視野に入れたのは「大逆事件と私」によると、坂本から無実を明かす再審請求と、二五年間九〇〇〇日の拘禁に対する損害賠償を求めたいという依頼の手紙を初めて受け取ってからだ。「森長資料」にある二〇〇通を超える坂本の森長宛ての書簡の中で、五〇年六月二日付の筆書きの手紙がそれである。そのころはまだ﨑久保も飛松も存命だった。森長は坂本からの手紙で、いざというときに備えて一九一〇年一二月に大審院で行われた「大逆事件」裁判で﨑久保を担当した弁護人の平出修の遺族が所蔵していた予審調書の謄写をした。その費用は五〇年初めで六〇〇〇円という高額だったが、妻には内緒で工面したという(当時の上野―青森間の旅客運賃は、週刊朝日編『値段史年表』では七二〇円)。その後、坂本は多事でなかなか再審には動かず、森長は二年後か一〇年後かとぼやきつつ「どうやら私は一生、幸徳事件にしばられそうである」と冗談のように書いているが、まだこのころは再審請求が本格化するには相当の時間がかかると思っていた。それでも事件の研究には森長流で着手していた。それは法律の実務家としてだけではなく、法曹史の面からのアプローチだった。

森長の「大逆事件」についての最初の原稿は、一九四八年七月一六、一七日に新聞『東京民報』に掲載された「幸徳事件の生存者」という上下二回のレポートである。『東京民報』の前身は、ジャーナリスト

1956年ごろの森長(新宿区大京町の自宅兼事務所の2階で．渋谷桂子さん提供)

で戦中に同盟通信社の上海支社長だった松本重治らが四五年一一月末に創刊した夕刊紙『民報』である。戦争を煽って戦後も存続・継続した多くの新聞よりはるかにリベラルで、海外からも注目されたメディアだった。同紙はすぐに経営難に陥り、四七年八月に『東京民報』と改めたが、持ちこたえられず翌四八年一一月末に廃刊、戦後民主主義の最も先鋭的ジャーナリズムはわずか三年で消えてしまった。

『東京民報』掲載の森長の原稿は、二六人が起訴された事件の大審院判決の概要をかなり的確に伝え、四～五人を除いてでっち上げられた被害者だったと書いていたが、これは今村の『芻言』を読んでいたからであろう。「幸徳事件の生存者」で森長は無期に減刑された一二人についての行方を追い、坂本、岡林、飛松、﨑久保の四人の「復権」についての経緯を報告している。森長は「復権」の手助けをしたのがきっかけで寄稿したのだが、四八年ころは「復権」問題は終わったと思っていたようだ。「ここに明治四十三年以来の幸徳事件は一件落着して結末をつげた。そして、ただのこる問題は、幸徳事件は、ねつ造事件であったという真相の発表を国家に要求して、国家の陳謝を求めるという政治問題だけになった」と書いているからだ。

それから八年後に彼が書いた「大逆事件」原稿は『新日本文学』(一九五六年九月号)の「十二人の無期囚の行方」だが、『東京民報』の原稿から一歩も出ておらず、誤りや不正確な記述も目立つ。

森長の「大逆事件」へのアプローチが独創的な着想で、一気に進んだのが『法学セミナー』に三回連載(一九五七年九月号から一一月号)した「最初の大逆事件――幸徳事件をめぐる弁護人」である。事件についての森長の最初のまとまった原稿である。亡くなるまで「大逆事件」に限っただけでも膨大な法律的な論稿、レポート、エッセイ、評伝などを書きつづけた森長だが、『法学セミナー』のこの連載はサブタイトルが語っているように「大逆事件」で起訴された二六人の弁護をした一一人の全弁護人に焦点を当てて書かれ、思わず引きこまれるような読み物になっている。

思想弾圧のための司法を含めた国家権力の犯罪だった事件の本質をうっすら影にしながら官選、私選で担当した磯部四郎、花井卓蔵、今村力三郎、鵜沢総明ら著名な弁護士だけでなく、ほとんど知られていない弁護士も取り上げ、その生い立ちや来歴を紹介し、「大逆事件」だけでなく他の担当事件での弁論内容や姿勢、性格などにまで筆を及ぼしていた。事件を依頼され一旦引き受けながら辞退した「弁護士会の元老」(森長)といわれた江木衷《まこと》にも言及し、「大逆事件」の弁護人になった若手弁護士の平出修が判決後に書いた小説『畜生道』で江木をモデルにし、あけすけに批判したことにまで触れている。

森長は弁護士だけでなく、検察側の検事総長・松室致《まつむろいたる》や司法省民刑局長の平沼騏一郎《きいちろう》らのことも見逃さなかった。「この事件に、松室といい、平沼といい、司法部切っての二人の官僚政治家が介在していたことは重要なことで(中略)二人は判決のあったとき他の検事、予審判事とともに多額の賞与をもらったのみならず、判決の年の翌大正元年一二月、第三次桂内閣なるや、一方は司法大臣に、他方は四五歳にして検事総長に買われ、栄進したことも見のがすことはできない」。事件の裏に見え隠れする国家の意思を見すえた出色の原稿だった。

「大逆事件」についこつこつと調べていた神崎清らの研究は知られていたが、法曹史から捉える視点で書かれた調査研究はなく、実際に事件を担当した弁護士を中心に描いたこの連載は、森長が弁護士だったから書けたのではない。近代の法曹史への関心と調査研究の蓄積があったからである。森長は研究者タイプでもあり、資料の博捜に優れ、書くことに図抜けた弁護士だった。それまでほとんど関心を持たれなかった視角から事件に迫り、読み物として書くことが出来たのはそのためだった。

森長は自著や雑誌などに執筆した原稿をかなりの人に送付し、その礼状はおそらく数百通はくだらない。『法学セミナー』の連載に対しても多くの礼状が届いている。中でも目を引くのが弁護士・鈴木義男からの便箋三枚に書かれた礼状(一九五七年一〇月一六日付)だ。森長の視点と確かな調査に基づく記述、恩師の今村への客観的な評価など行き届いた筆致に瞠目している。

「実に面白い読み物であります。先ず第一に学兄がよくもかく多方面に文献断簡を渉猟され、埋もれた人材を地下に呼び起こすに骨を折られたものと敬服いたします」

「第二に花井、今村、鵜沢、等々を叙するに既に広く知られた人ながら、全く埋もれた未見の材料を以てせられ、その人を活写され、生けるが如く全く新しい感興を覚えました」

「第三に弁護士の評価のようなものの無に近いわが国において、大逆事件という〔一字判読不能〕強事件をめぐってではあるが、ここに活躍された法曹を描写して、後進に非常な感銘を与えたことは、学兄の貢献大なるものがあります」

「第四にこの三篇を通読しますと、いわゆる大逆事件（幸徳事件）なるものが荒唐無稽のものであったかということがハッキリ印象付けられることであります。無限の弁護であり、被告らも地下で感銘しているでありましょうし、坂本清馬翁の如きもはや再審請求を必要としないとさえいいうるかと存じます。これ学兄の弁護士としての最大の功績であります」

ややほめすぎのようだが、年齢、弁護士歴などはるかに後輩の森長を「学兄」とくり返す鈴木は、森長の着想と調査力で書かれた「大逆事件」に舌を巻きつつ最大の敬意を表した。鈴木は、日中戦争前に出会ったころから森長の並々ならぬ力量に気づいていたようだが、送られてきた連載を読んで彼の史眼と識見により一層深い敬意を払ったのである。

森長がこの連載を書いていたころまではしかし、再審請求の動きは鈍かった。「森長資料」には敗戦前後から五一年までの森長の日程を飛び飛びにメモした細長い小さなダイアリー手帳がある。それを捲《めく》っていくと、数多くの労働事件の打ち合わせ、法廷期日、判決日時の予定などが書きこまれている。中には冤罪事件として知られた「松川事件」やレッドパージで馘首《かくしゅ》された新聞記者の職場復帰事件などもある。森長の関心は、もっぱら生産管理に向き、自由法曹団の会議、講演も多くこなし、超多忙だった日々が垣間見える。松戸から北区王子に引っ越し、経済的に最も苦しく正月のモチ代にも困り、大事な蔵書をごっそり売り払ったころだ。森長は四〇代半ば過ぎだった。

再審請求が進まなかったのは坂本清馬の蛇行気味の言動もあったが、もう一つは費用というネックである。「大逆事件」の記録の謄写には、森長の「ぼやき」にもあったように、たとえば嵜久保一人の予審調書だけでも高額の費用が必要だったからだ。労組との付き合いは多かったが、森長は「大逆事件」の記録の収集にかかる財政的な支援を労組に求めなかった。実生活面でも五〇年一二月にある労働運動誌に「洋服の破れやカラーの汚れが気にかかる」と書かれたほどで、その後も「決して儲かる弁護士ではなかった」と見られていた。実際の家計はうかがい知れないが、赤貧とまで言っていいかためらうが、本人はことあるごとに「貧しい」と書き、話していた。「でも今から思うと、そのぶん母のやりくりが大変だったのだと思います」。長女の桂子さんのつぶやきには、小さなため息が混じっているように聞こえた。

「森長資料」には、「大逆事件」関係にしぼっただけでもA4判の新聞雑誌のスクラップ帳が一〇冊ばかり収められてある。敗戦後の四六年から七〇年代半ばごろまでの切抜きがひしめき合うように、びっしり貼ってある。全国紙や知られた地方紙だけでなく、地元でしか入手できないミニ新聞や業界紙まである。

スクラップ作業は糊と鋏《はさみ》の手仕事である。人手と労力、それにミニ新聞や雑誌の入手は簡単ではない。さぞや大変だったろうと、大判のスクラップを捲りながらわたしは事務職員の苦労に同情し感動さえした。切抜きではないが、神奈川県の厚木にあるゴルフ場の出している機関誌までスクラップ帳に挟みこまれてあった。念のために桂子さんに訊いてみた。「ゴルフ？　とんでもない」。即座に否定されたが、森長には縁のないゴルフクラブの機関誌には、刑死した内山愚童について書かれた文章が掲載されていたのである。誰から送られてきたのだろうか。経費をかければいくらでも情報が入手でき、コンピュータで検索すれば瞬時に情報が得られる今とはちがう。その作業にかかりっきりの職員が必要で、貧しい弁護士事務所では人件費も大変だったにちがいない。わたしはそんなことにあれこれ思いをめぐらして桂子さんに訊ねてみた。

「いえ、事務職員は最後まで一人もいませんでした。スクラップは全部父が一人でやっていました。購読していた新聞はずっと『朝日』だけでした」

桂子さんのこともなげの説明にわたしはたまげた。だって、訴状や準備書面書きなど超多忙な時間のすき間を縫うようにしてスクラップ作業をしていたのだから。

「『朝日』以外は、いろんな人から送られてきたものです。父は別に事務所を持っていたわけではありませんし、基本的には夜は外出しませんでしたから。弁護士が夜、家で夕食を摂るなんて珍しいんだよって、笑いながら父が言ってたのを憶えていますが、ふーんそんなものかなと思ったぐらいでした。私が結婚する前には、準備書面なんかの三枚複写の仕事は少し手伝ったことはあります。タイプの場合は、外に頼んでいましたね。事務所に入所したいという人？　そんな人はいませんでした。新人弁護士も来ませんでしたね」

超忙しい森長に再審請求の日が迫ってきた。

日米安保条約の改定反対闘争がはじまった一九五九年の一一月下旬、デモの労働組合員や学生、市民ら二万人が国会構内に入り、南では八月末の解雇問題からはじまった三井三池争議が、一一月初めには水俣病問題で多数の漁民が新日本窒素水俣工場に突入するなど政治と社会が煮えたぎっていた。その年の晩秋のある日だったろうか。坂本清馬と親交があり、再審請求の相談に乗っていた高知の社会党参議院議員の坂本昭（後に高知市長）が大京町の森長事務所を訪れ、早く再審請求をとうながした。坂本議員のこの働きかけが森長の背中を強く押したようだ。

戦後の大きな曲がり角となる「六〇年安保」の闘いがさらに熱くなっていく一九六〇年が視界に入った五九年の暮れである。一二月二三日午後、東京・神田の老舗の蕎麦屋「やぶそば」で小さな会合が持たれた。書記役で出席した大岩川嫩《おおいわかわふたば》さん（当時、篠塚姓）に二〇一九年三月初め、六〇年前の「やぶそば」の会合について聞いた。

私には、高知出身でその当時、都立大学助教授の塩田庄兵衛さんから声がかかりました。大学を出た後、私は作家の立野《たての》信之《のぶゆき》さんの史料助手を務め、東大の史料編纂所に通っていました。立野さんはそのころ「大逆事件」を題材にした『赤と黒』を書いていました。二六歳の若輩の私に声がかかったのはそんなことからだったのだと思いますが、会合そのものは坂本昭さんの呼びかけで急遽持たれました。「秋水会」という名で。ええ、仮称でしたが。その席には、『十二人の死刑囚』を書かれた歌人の渡辺順三さん、それから映画監督で「大逆事件」関係の書を出されていた絲屋《いとや》寿雄《としお》さん、それに森長さんでした。私を入れて六人でした。

坂本さんは、来年は事件五〇年だからどうしても何とかしなければと言われました。もちろん再審請求をにらんでのことです。その場で事件五〇周年を記念して再審請求を訴える集会を、六〇年一月二四日に東京で開き、その日のためにパンフレットの発行が決まりました。

森長さんの印象ですか？　私は森長さんに会ったのはそのときが初めてでした。あまり記憶ははっきりしませんが、静かな方で口数は少なかったと思います。でも言うべきことはきちっと言われていました。私は森長さんが亡くなられるまで、ときどき大京町の森長さんの自宅兼事務所に行くなどずっと交流がありましたが、この印象は変わりませんでしたね。

「やぶそば」での「秋水会」の会合を語れる人は現在では、大岩川さんしかいない。

一九六〇年一月二四日、東京駅そばの国労会館で「大逆事件五十年記念講演会」が開かれた。主催は大逆事件五〇周年記念準備会と日本労働組合総評議会（総評）、会場は満員であった。その折り配布されたのが「やぶそば」で決まったパンフレットである。Ａ５版、真っ赤な表紙には「大逆事件」と白抜きで大きく書かれ、副題は「その真実の追究と再審請求のために」。表紙の赤と題字の白で一度手に取ったら、眼のうらに焼き付くようなインパクトの強いパンフレットはわずか二二頁だが、神崎清の執筆した「大逆事件は生きている」を巻頭に掲げ、「大逆事件」の再審請求の幕明けを告げていた。

森長は最後に近い二〇頁のところに「幸徳事件と再審請求」の題で短い文章を寄せている。その中で彼は再審請求が坂本清馬に言われてからかれこれ一〇年近くになるが、遅々として進まなかった訳について「記録謄写一つをとってみても、相当な資金をもたないではかかれない。そのことになると、坂本氏も私達も貧書生」と資金面のハードルの高さを訴えていた。

末尾ではしかし再審請求の意義を強調している。

「いうまでもなく、再審請求は、坂本氏ら大逆被告を無罪とすることが目的である。しかしそれと同時に、この請求を通じて、法律の手続による合法的な裁判批判として、幸徳事件のデッチ上げの過程をばくろし、光栄ある最高裁の前身、大審院が権力に屈した歴史を明かにすることでもある。最高裁が大審院のあやまちを、すなおに認めるかどうかは、今後の最高裁の在り方にも関連し、その意味でこの再審請求は今日的の意義をもつ」

歴史的な再審請求にかける五〇代半ばに差しかかっていた弁護士・法律家の森長の決意を語っている。

とりわけ後半で強調している、「大逆事件」で地に堕ちた司法の「権威」を、再審請求で取り戻すのだというところにそれを感じる。森長のこの思いは再審請求がつづく間、変わらなかった。

国労会館での集会から約一カ月後の六〇年二月二三日、再審請求を進め、支えるために「大逆事件の真実をあきらかにする会」(「あきらかにする会」)が東京で発足、同時に会のニュースの発行が始まった。思想弾圧の「冬の時代」を体で味わったアナキスト、社会主義者、学者・研究者、作家、弁護士、学生らが全国規模で参加した。これが現在までほぼ六〇年続いている「あきらかにする会」で、会のニュースは二〇一九年で五八号になった。パンフレットの作成費と国労会館での集会の開催費用は総評からの寄金で賄ったが、その後の会にかかわる費用やニュース発行費は労組からカンパなどは求めず、個人の寄金に拠ったというのが大岩川さんの話である。

「あきらかにする会」がスタートする時には、再審請求を申し立てる期日は判決から満五〇年になる一九六一年一月一八日を予定していた。請求人は坂本だけではなく、無念のうちに刑死した森近運平の妹・栄子が「あきらかにする会」の発足前に名乗り出ていた。坂本清馬と農業経済学者でイタイイタイ病の研究者で知られた吉岡金市の勧めがあり、決断した。ことに吉岡の後押しが大きかったようだ。岡山県立高松農学校の第二四回卒業生(運平は第一回卒業生)だった吉岡は、運平が処刑されてから一一年後の一九二二年、農学校三年生のときに運平の思想や生き方に深い敬意を抱き、彼の伝記を書かねばと思った。伝記が出版されたのは思い立ってから約四〇年後、再審請求直前の一九六一年一月だったが、吉岡は同書で森近運平を「大逆事件」の最もいたましい被害者と、熱い思いをこめて書いている。

森近家の広い敷地の一角に運平の獄中歌を刻んだ歌碑がある。「父上は怒り玉ひぬ我は泣きぬ／さめて恋しき故郷の夢」。

現在までに事件の二六人の被害者を記憶する記念碑の類は全国で一二基あるが、運平の歌碑は最も早く建立されている。しかし彼の墓が建立されたのは一二人の刑死者の中では最も遅く、歌碑建立と同じ一九六一年だった。歌碑と墓碑の建立に吉岡は多大の尽力をしたが、それは尊敬する運平への熱い思いからだった。吉岡の存在なくして栄子が再審請求人になることもなかったろう。

一九四六年からはじまった「大逆事件」の「復権」の柱である再審請求は、ようやくとば口にまでたどり着いた。森長にはしかし、請求前にやらなければならないいくつかの大事な仕事があった。法的な手続きは別にしても、再審請求には不可欠である無罪を明かす「新規かつ明白な証拠」を集めることと弁護人の選定であった。弁護人を誰に依頼するか。森長は東京弁護士会所属だったが、それに依拠せず自身の目に適った人選を考えていた。たぶん「あきらかにする会」が発足するころには彼の頭の中では、ほぼリストが出来ていたのではないか。

「森長資料」には、森長の使ったＢ５判のノートが「大逆事件」関係だけでも一五冊ある。その一冊を開いて見ると、第一頁にブルーの万年筆で「弁護人決定」とタイトルが付され、横書きで弁護人が決まっていく様子が記されている。

〔昭和〕35年４・16　安保阻止法律家会議総会で海野晋吉、黒田寿男両氏　弁護人となること承諾される。

この前、４・８日　松井康浩氏弁護人となること承諾　その頃宮原守男君も承諾　つづいて４・22

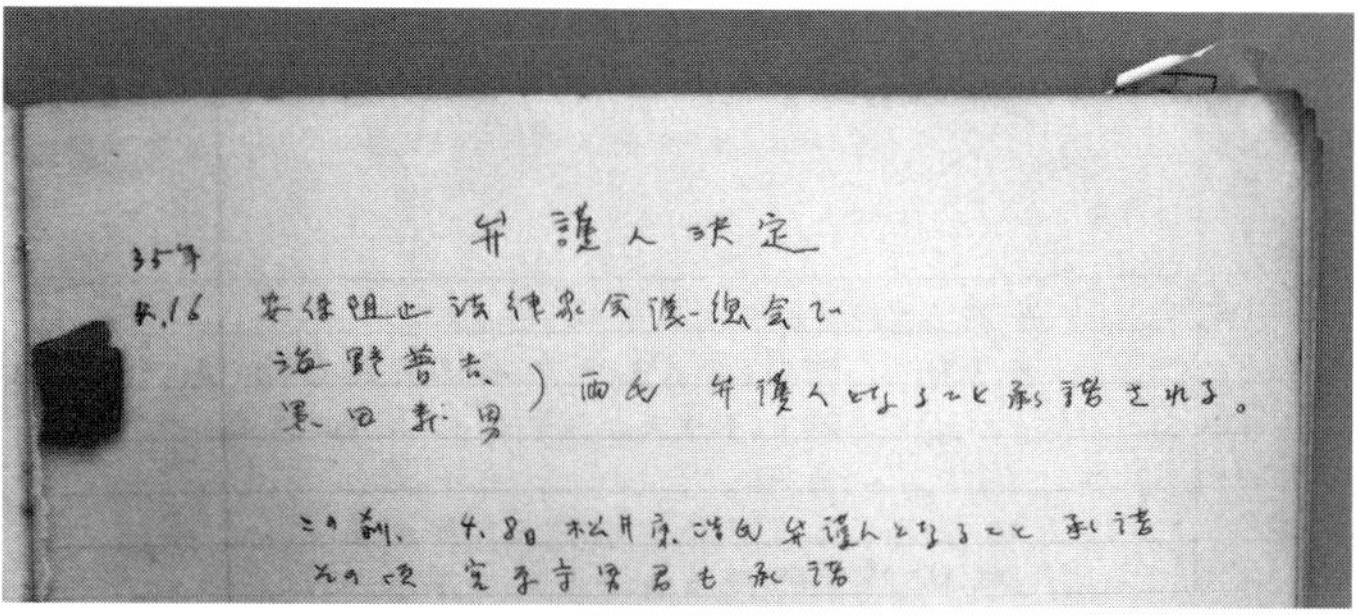

「弁護人決定」をつづった森長のノート（森長資料）

日　斉藤一好君も承諾

4月7日　鈴木義男氏とあい、主任弁護人たること、海野、黒田、毛利、能勢、森川氏に依頼すること、青年弁護士2、3名たのむことを了承さる。

4月20日までに

毛利与一氏、能勢克男氏より来信あって弁護人たること承諾さる。

4・20　衆議院第一議員会館（あきらかにする会実行委員会）にのぞみ、以上のことを報告する。

4・26　森長宅に宮原守男、斉藤一好、松井康浩氏来り、大逆事件の輪郭をはなし、夕食を共にし、懇談する。

淡々とした事務的な記述だが、近代日本の最大の国家犯罪を問う「大逆事件」の再審請求を担っていく一〇人の弁護団を、二週間ほどで素早く決めていった森長の人脈の広さとキャリアを思う。再審請求の舞台となる東京高裁と対等に渡り合える、高名で経験豊かな弁護士、行動力と力量のある壮年弁護士、若手弁護士で構成し、地域的にも大阪の毛利与一、京都の能勢克男、それに岡山選出の国会議員だった黒田寿男と目配りした陣容である。布施辰治や山崎今朝弥など森長が尊敬していた著名な弁護士はすでに故人になっていたが、それでも当時のいわばスター級の弁護士が少なくなかった。勢い自身の負担が大きくなることを森長は覚悟していたかもしれない。「あきらかにする会」の創立以来のメンバーで、「ニュース」の初期のころの編集もしていた小松隆二さんは「これだけの弁護士をどうやって集められたのか具体的には知りませんが、おそらくそれまでの森長さんとの交わりや担当事件歴などを知っておられ、個人的に頼まれたのでしょう」とふり返る。「一本釣り」のようなものだったのかもしれない。

森長のノートにフルネームが記されていない弁護士「森川」は森川金寿で、わたしは第二次大戦中の治安維持法による思想・表現に対する大弾圧事件である「横浜事件」の再審請求の取材で、北新宿の自宅などで何度か話をうかがった。そのころは迂闊にして森川が「大逆事件」再審請求弁護団の一人だったとは気づかず、それを知ったのは森川の健康が損なわれてからだった。森川は秋水と同じ高知県幡多郡の出身で、その縁もあったのだろう。

再審請求の弁護人を引き受けた京都の弁護士・能勢が森長の依頼に応えた一九六〇年四月一七日付の書簡が「森長資料」にある。それを読んでわたしは、「大逆事件」の消え難《がて》を思った。

〔前略〕大逆事件は私の中学一、二年の頃の出来事でおどろいたものですが、当時何の意識もない、遊び盛りのニキビ中学生で事の意義を考えもしなかったのです。

私のオヤジは判事で、当時仙台にいて地裁所長の官舎にいました。隣りが仙台〔宮城〕控訴院検事長の奥宮《おくのみや》健二郎〔正確には正治〕氏で、私の家は親しかったのです。その検事長の実弟が奥宮健之《けんし》〔事件で刑死」ですから、父は気の毒がり、見舞いに朝夕出かけ、奥宮氏も私の家に来てヒソヒソ相談する日が続きました。つまり奥宮氏は検事を辞任すべきかどうかでしたが、私のオヤジはその必要なし、兄は兄、弟は弟という結論を出してアドバイスをしたようです。

私自身はその頃、そういう政治的な個人意識の明確化ということに深く印象づけられました。

私はそんなことからあの大逆事件には今なお興味をもっているわけです。

今回御申し越し下さった弁護人の件は過分のご要請で、うれしく御承諾いたします。

どうぞよろしく御指導願います。

四月十七日

能勢の少年時代の記憶が半世紀後に呼び起こされたのである。「大逆事件」には、エピソードで済まないこうした個々の人びとの人生模様の織りなす出来事が、どれだけの時を閲しても消えない影のように貼りついてある。「大逆事件は生きている」――「あきらかにする会ニュース」第一号が訴えた詞である。

能勢は森長より一〇歳以上年長で、戦前の反ファシズム運動の最後の砦だった京都の文化新聞『土曜日』の責任編集者をしていた一九三八年、同紙の編集者の中井正一とともに治安維持法違反で検挙されている。戦後も『土曜日』を再刊し、また生活協同組合運動を起こす――その関係で産業組合運動をしていた森近運平が気の毒でならないと森長への手紙に書いている――など活動し、また「松川事件」の弁護人にも名を連ねている。森長はそんなことからも能勢を尊敬し、信頼して「大逆事件」再審請求の弁護人を依頼したのだろうが、能勢の子どものころの「体験」は知らなかった。「森長資料」には、能勢の書簡は数十通残っており、その文面からかなり懇意にしていた様子が伝わってくる。桂子さんは「父から、能勢さんのお名前をよく聞きました。尊敬していた感じでしたね」と懐かしそうに能勢の名を話の中で転がした。

「大逆事件」は国家が思想弾圧のために、物証がほとんどないにもかかわらず、爆発物取締罰則違反に係る事件をとっかかりに、強迫による追及で得た供述に依拠して刑法第七三条に違反する物語を作っていった事件である。だから通常の冤罪事件とは異質で、再審請求に必要な「新規明白な証拠」を発見、収集するのはかなり大変だった。このため弁護団の構成が決まった四月からは、再審請求の内容構成と証拠集めなどのために毎月弁護人の打ち合わせ会と神崎清、塩田庄兵衛、絲屋寿雄ら研究者が参加しての研究会が積み重ねられていった。

森長のノートを追っていくと、弁護人の打ち合わせ・研究会は合わせると、請求申し立てまでの九カ月間で一三回に上っている。毎回二時間程度、多くは坂本議員の協力で参議院会館の一室を借りて開かれ、森長は打ち合わせ・研究の両会には全部出席し、まとめ役をしている。森長なくして再審請求が成り立たない、あり得ないことをもう誰もが知っていた。「大逆事件」をほとんど知らなかった若手の斉藤一好、松井康治、宮原守男の三弁護士も熱心に参加していた様子を森長の「大逆事件ノート」は語っている。中には安保闘争のデモにも参加しながら弁護人の打ち合わせ会に出席していた弁護士もあった。

浅沼稲次郎社会党委員長が日比谷公会堂で演説中に右翼の少年の凶刃にたおれたのは、森長らが研究会などを重ねていた一九六〇年一〇月一二日だった。

森長は九人の弁護士に弁護人を依頼したが、実は名乗りを上げて希望した弁護士もかなりいたようだ。森長が名前を明かしているのが志方篤《しかたあつし》である。「大逆事件」を審理した大審院判事七人のうち筆頭陪席判事は志方鍛《たん》で、篤はその息子だった。『大日本法曹大観』(一九三六年)には、一九三五年に司法官試補を経て東京民事地方裁判所の判事とある。戦後は弁護士になり、森長に「再審請求の弁護人になりたい」と申し出たという。初期なら間違いなく頼んだが、審理が進んでからだったので断念したと森長は「あきらかにする会ニュース」第一〇号で書いている。志方のことを「再審請求の理解者だった」と見ていたので、何とも惜しいめぐり合わせだった。志方篤は六五年一月二九日に死去している。

わたしは森長が残念そうに書いていた志方篤のことから、二六人を有罪に、二四人に死刑判決を出した鶴丈一郎《じょういちろう》裁判長以下他の六人の判事が気になり、念のために『司法大観』(法曹会)、『法律新聞』官報などで調べてみた。常松英吉を除く鶴、鶴見守義、末弘嚴石《げんせき》、大倉鈕藏《ちゅうぞう》、遠藤忠次の五人の判事は一九四〇年に死去した大倉を最後に亡くなっていた。常松については二三年に退官しているが、その後のことがどうしてもわからなかった。二六人全員が刑法第七三条に違反すると「意見書」を書いた河島臺藏《たいぞう》、潮恒太郎《つねたろう》、原田鑛《こう》の三人の予審判事についても追ってみたが、三〇年に亡くなった河島を最後に全員鬼籍に入っていた。

多忙な中、森長は一九六〇年一一月一八日に岡山県井原市高屋の森近栄子宅を訪問した。再審請求に必要な調書を取るためで、岡山駅から丸い黒縁の眼鏡をかけた吉岡金市が案内をした。森長が訪ねた時にはまだ運平の墓碑も記念碑も出来ていなかった。半世紀前から樹木の生い茂った竹藪の縁の片すみにひっそりと積まれていた小石があるだけだった。その後、小石のあったところに木柱が建てられた。その木柱の横に立ったストライプのネクタイをした、中肉中背の額の広い森長の全身の写真が彼の新聞スクラップ帳に貼りつけてある。木柱の字ははっきりと読み取れないが、運平の戒名のようだ。写真は小さいが、森長の神妙な表情が読み取れる。

森長は墓参のあと、郷土史家の倉田清一や堺利彦宅の書生をしているときに運平の獄中歌を見つけた岡本八枝太ら五人から聞き取りをした。この夜は、栄子と菊雄夫妻の世話になったが、当時は運平のころと変わらぬ茅葺の農家の住宅だった。

この訪問で森長は思わぬ書簡と遭遇する。運平が死刑判決を言い渡され、衝撃のまま筆を執った獄中からの最後の書簡で、「死刑！　全く意外な判決」で始まる弟らに宛てた悲痛の手紙だった。森長の「大逆事件ノート」には「森近の最後の手紙(死刑！)」発見とのみ書いている。わたしがこの書簡の現物を見たのは、それから四九年後の二〇〇九年で栄子の四男の細井好《このむ》さん宅だった。森長の遺族宅訪問はこのときが初めてだったが、墓建立さえ禁じられたと語る遺家族の生の声を初めて聴き、事件の凄まじさを心の襞《ひだ》に縫い込むように記憶しただろう。これ以後、彼は亡くなるまで遺家族や事件の足跡を訪ねる旅を重ねていくのだから。

再審請求申立ての期日が迫ってきたころ、弁護団に異変が起きた。

一九六〇年一二月一五日朝九時ごろ、鈴木義男から突然、主任弁護人をおろさせてほしいという電話がかかってきたのである。鈴木は結党されて間もない民社党の議員団長になり超多忙で、弁護人の打ち合わせ会・研究会にも一、二回しか出席出来ていなかった。それでも戦前戦中を通じての学識者で、弁護士経験の豊かな鈴木の存在は大きい。森長が慰留したことは想像できるが、それは奏功しなかったようで結局、鈴木は主任弁護人を降りる。

「大逆事件」の裁判のときは法律上、主任弁護人の制度はなかったが、旧刑事訴訟法の事件での再審事件で主任が必要かどうかは明確ではなかったようだ。しかし実際には主任弁護人がいないとうまく回らない。実績と信頼度から判断して代わりは森長しかいない。鈴木は改めて手紙で「ぜひ大兄にお願いします」と頼んでいる。今村力三郎から「大逆事件」再審を視野に入れた話を聞かされてきた鈴木は、最も信頼していた森長にそのバトンを渡し、六三年八月に亡くなった。

再審請求申立てでは、請求人の無実を明かすことが最大の目的であると同時に事件全体が国家のデッチ上げであることを明らかにしなければならない。その際に今村が『芻言』などで記し、あるいは若き弁護人の平出修が書いているように、そしてそれがほぼ「定説」として受け入れられてきた宮下太吉、管野須賀子、新村忠雄、古河力作、幸徳秋水の五人は刑法第七三条違反で死刑やむなしという判断をどうするか。結論は、森長は再審請求でも「定説」に依り、五人を外して二一人は無罪という主張にした。

森長は、法律論として刑法第七三条の「危害ヲ加ヘントシタル」の構成要件に予備・陰謀が含まれるのか、そもそも雑談、茶飲み話が予備・陰謀に該当するのか、実行に至る意志の合致があったのかなど法律的な問題をどう考えたのだろうか。一五冊ある森長の「大逆事件ノート」のうちに「大逆罪解釈・再審法解釈」と書かれたノートがあり、それを見ていくと森長は「危害ヲ加ヘントシタル」に予備・陰謀が含まれるのかどうかを検討した形跡がある。あるいは悩んだのかもしれない。これは「定説」の五人は有罪の可能性を否定できないというところとも関係しているからだ。

「大逆事件」は実行行為を問われたのではない。五人については、その言動が第七三条の後半の「危害ヲ加ヘントシタル」に当てはまるのかどうか、つまり彼らの言動が予備・陰謀に該当するのかどうか、仮にそうだとすれば、それが果たして第七三条の適用の範囲に含まれるのか。「大逆罪解釈・再審法解釈」と書かれたノートに森長は、有力な刑法学者の泉二《もとじ》新熊《しんくま》、小野清一郎、木村亀二、滝川幸辰《ゆきとき》らの学説などを書きぬいている。しかしそれ以上には突っこんではいない。ノートも九頁のみで、他の頁はほとんど真っ白だった。

現在、「大逆事件」で起訴された二六人の供述調書をコンピュータによって解析し、洗い直している金子武嗣弁護士は「実は事件当時も、予備・陰謀は含まれないという学説はけっこう有力だったのですよ。でも当時の弁護人は誰もそのことを言っていません。せめてそういう学説があることぐらいは言ってほしかった」と残念そうだ。[1] しかし再審請求は法の解釈論では争えない。「新規明白な証拠に基づいて事実で争う場ですから」。

明治の「大逆事件」は世紀の大事件であった。その再審請求は初めてである。一九四六年にはじまった「復権」運動から一五年、再審請求は回廊を歩くようにしてその前夜にたどり着いた。六一年一月一〇日で満五五歳を迎え、主任弁護人を任された森長は請求に必要な最後の書面書きと証拠書類の点検にぎりぎりまで追われていた。

注

（1）金子武嗣弁護士は一九一〇年の「大逆事件」裁判で検討されなかった、核心的な問題の予備・陰謀について、実は一九六一年一二月一二日に発覚した「三無《さんむ》事件」(さんゆう事件とも)が参考になるという。当時の池田勇人内閣の閣僚ら政府要人暗殺、国会襲撃などを企てたクーデタ未遂事件で、五・一五事件の首謀者を含めた一三人が逮捕された。「大逆事件」より証拠も形もあったこの事件で、東京地検は破壊活動防止法を適用、裁判では彼らの計画や準備が予備・陰謀に当たるかどうかが争われた。六四年五月の東京地裁判決は予備・陰謀を認定したが、東京高裁は予備・陰謀を構成する要件をかなり詳細に検討した結果、六七年六月の判決でそれを認めなかった。最高裁も七〇年七月に事実上、高裁の判断を追認した。

第2章

緘黙せず

東京監獄・市ヶ谷刑務所の
刑場跡刑死者慰霊塔の前で
(渋谷桂子さん提供)

――坂本清馬、森近運平が明治四四年一月一八日、大審院特別刑事部において、所謂大逆〔当時の刑法第七三条〕事件により有罪の言渡しを受けたことにたいして、無罪の判決を求めるために本再審請求をする。

坂本と刑死した森近運平の妹・栄子が東京高等裁判所に再審請求を起こしたのは、「大逆事件」の判決からちょうど五〇年後の一九六一年一月一八日午後一時だった。再審請求の大舞台の主人公はむろん清馬と栄子だが、それを整え進めたのはまぎれもなく弁護士・森長英三郎である。敗戦直後から事件の被害者とつき合ってきた森長は、「大逆事件」は歴史ではなく、今ここにある「生きている事件」と捉えていた。森長のこの眼差しは現在にも通じる。彼の目の前に直接の被害者の坂本が生きている、運平の妹も生きて名乗りを上げて兄の無罪を求めている。森長はだから、「天皇の裁判官」から自由になったはずの戦後司法が彼らの先輩裁判官の理不尽かつ不条理な判決と向き合えるか、それが大きなカギになると見ていた。

森長は慎重だった。「大逆事件」全体は国家犯罪だが、宮下太吉ら五人について外したのは、再審の扉を開かせるにはそれが現実的な道だと判断したから。だからいっそう自信があった。森長本人が五人の有罪を確信した結果かどうかは今となってはわからないが、弁護士は研究者や学者ではなく、評論家や小説家でもない法律の実務家である。五人を外したことに対する異論や批判は、協力者や支援者の間ではくすぶりつづけたようで、森長はのちに法律の実務家としての苦悩を語っている。

「残された全予審調書や公判ノートに従って、そのうちで無罪を主張するのに一番邪魔になるような調書を、他の調書または新証拠によって打ちこわさなければならない」

「悪い調書をこわすのには、同一被告人の別の調書をつかうし、他の共同被告人の調書もつかう。こうして縦から横からとせめていって、最悪の調書をこわすわけである。だから非常に手間がかかる」

「宮下、新村、管野、古河、幸徳については、調書や証拠上、その有罪部分をこわすことは縦からせめても横からせめても、困難であるということになった」(「あきらかにする会ニュース」第一〇号)

五〇年前の検事や予審判事が「大逆事件」へもっていくために強引に作った供述調書だった疑いがあったにしても、コンピュータを使っての解析もできない一九六〇年代にあってはそれらの虚偽性、作為性を見破るのは非常に難しかったろう。森長は坂本と森近の二人の無実を明らかにし、他の二一人を有罪から解き放つことができる最も現実的な選択をしたのである。

「私は「大逆事件」の一二人目の弁護人」。森長は後に『日本読書新聞』のインタビューでそう語っている。一九一〇年の裁判で二六人の被告人についた弁護士は一一人だが、被告人が無罪だと叫びつづけているのだから、半世紀後ではあっても法廷に上がった「私は一二人目の弁護人」というのだった。「大逆事件」再審請求に立ち向かった弁護士としての矜持《きょうじ》である。

森長は二人の無罪への道をつくるだけでなく、一九四六年秋に初めて求めた真相解明を再審請求の場で果たそうとした。それが出来ない限り「大逆事件」は生きてありつづける。森長はまた再審請求を「国民全体の立場からいえば、明治史の書きかえの作業」とも位置付けていた(「土曜日のエッセイ」『図書新聞』一九六三年七月六日付)。実際に「書きかえる」自信もあった。わたしは森長の自信にあふれることばに触れて、殺人事件の罪を問われた少年に対する陪審裁判で一二人の陪審員のうち一人だけ無罪を主張し、他の一一人を説得していくドラマチックな米映画『一二人の怒れる男』を、ふと思い出していた。森長がこの法廷映画を観たかどうかわからないが、わたしにはヘンリー・フォンダ演じる無罪を主張する物静かで説得的な陪審員が森長に重なるのだった。

再審請求書に添付した無罪を明かす「新規かつ明白な」証拠は四四点で、秋一〇月には一四点を追加した。その後も新証拠は六五年二月までに七回に分けて五〇点追加され、計一〇八点に上った。それぞれ証拠説明書がつけられて高裁に提出され、森長はそれらを担当弁護人だけでなく広く支援者にも送っている。

高裁の対応は遅々としていた。審理の促進を求めて森長が若手弁護士の宮原を伴って、担当裁判長に決まっていた長谷川成二に面会したのは再審請求から一年近くたった一九六一年一二月四日だった。その段階でも裁判官の構成すら決まっていなかった。最高裁から一九一〇年の裁判で使われた予審調書、検事の聴き取り書など一七冊に及ぶ原審記録を取り寄せたところで、まだ読んでいなかった。法廷の重要な記録である公判始末書（公判調書）は見つかっていなかった。これでは時間がかかりそうだ。請求人の坂本はすでに七五歳を超えている。本人は無罪を勝ち取るまでは一五〇歳までだって生きると森長に書き送ってはいたが。

その後、裁判所の五人の構成が決まった。裁判長の長谷川成二以外は白河六郎、関重夫、上野敏、小林信次の四判事で一九五七年の『司法大観』（法曹会）によると、五人の裁判官は全員、戦前に司法官試補を経た裁判官で、司法に対する戦争責任追及の無風地帯の中で戦後もそのまま裁判官であった。その意味でも「大逆事件」の再審請求は、戦後司法が「天皇の裁判官」をどう克服するかを知ることにもなると森長は考えていた。

再審請求の判断のカギを握っている裁判長の長谷川は、森長が詳しく調べたところ、一九〇六年東京生まれで、奇しくも森長と同い年だった。歩いた道はしかしまるで別で、一九二八年に東京帝大法科を卒業したエリートで、二九年に司法官試補となり、横浜地裁の判事を振り出しに宇和島支部、下関、栃木の区裁判所などを回り、三七年に東京区裁判所判事になる。戦後は東京高裁判事を皮切りに一貫して東京高裁で刑事部長、上席判事を務め、「大逆事件」再審請求時には東京高裁刑事裁判長を務めていた。もちろん裁判所の構成について弁護団が端から忌避は出来ない。

長谷川はわりあい気軽に弁護人らに会った。

年が明けた一九六二年一月二六日早朝、森近栄子・菊雄夫妻が予告もなく突然に上京してきた。この日は夜に神田の学士会館で事件から五一周年の集会があり、おそらくそれに合わせたのだろうが、栄子にとっては、兄の無実を晴らすために献身的な努力をつづける森長の言動に感謝の気持ちを表したいという思いがあったからだ。彼女から森長への手紙は数十通残ってあるが、そのすべてが森長への感謝のことばであふれている。

突然の上京にもかかわらず、森長はその日の午後一時、栄子夫妻を連れて担当裁判長の長谷川に会わせている。長谷川は「大逆事件」による被害者に初めて直に会ったことになるが、彼がどんな印象を持ったかは森長のノートにも書かれていない。この面会の場では、なかなか進まない審理や公判調書の行方などの話が出たようだが、詳しい内容を森長は書き残していない。栄子と菊雄は集会に出た後、菊雄は井原へ帰り、栄子だけが森長宅に泊まっている。

「そのときだったかどうかわかりませんが、栄子さんから母へ羽織が送られてきたことがありました。栄子さんが着ておられた羽織で、昔の人は感謝の気持ちを表すのに自分が身に着けていたものを上げるということを聞いたことがありますが、そうだったのかもしれません。母はどうしようとちょっと困ったようでしたが。母のほうが若かったと思いますよ」。桂子さんのおぼろげな記憶である。

裁判長・長谷川と森長らとの会見は、請求から丸二年後の一九六三年一月一八日昼ごろにもあった。二年経過しても審理が進んでいる形跡がまるでなかったので、促すためでもあった。長谷川の裁判長室で行われた会見の模様については神崎清が、「あきらかにする会ニュース」第五号で報告している。会見に出席したのは森長、斉藤一好の二人の弁護士、他には神崎、絲屋寿雄、塩田庄兵衛の三人の研究者。森長以外は、長谷川とは初対面である。学究的な感じで学者タイプの紳士、なんでも自由に話せる雰囲気で官僚的な臭いも感じられない、と神崎は長谷川に対する印象を記している。

「坂本清馬さんは元気な老人だが高齢者ですから、書類調べが終わる前に本人の申し立てを先に聞いてもらえないでしょうか」

神崎の申し出に、長谷川は前向きに応じた。

「証拠保全の意味では出来ます。都合によっては私の方から高知と岡山へ出張してもかまいません。書類調べは八月ごろには終わる予定ですので、その前に実行したいと考えています」

裁判所が証拠保全のために本人の申し立てを先に聞くというのは予想外だった。審理が遅いので心配していたが、神崎らは長谷川の前向きな態度に安堵した。長谷川はさらに鍵のかかっていた金属製のロッカーを開けて「最高裁から取り寄せました」とつぶやきながら、「明治四十三年特別第一号被告事件訴訟記録」（大審院）の原本を五人に見せるのだった。その場でのほーっという感動気味の声が漏れ聞こえてくるようだ。裁判長は積極的だと森長らは期待を大きくしただろう。

神崎はずっと気になっていた法廷記録について訊ねた。

「最高裁に「公判始末書」はありませんでしたか」

「いえ、見当たらなかったですね。でもあなたがたのほうで提出された今村ノートと平出ノートでだいたいわかりますから」

被告人の陳述や弁護人の弁論など公判の法廷全記録である「公判始末書」は、事件当時の旧刑事訴訟法でも保存を義務付けられている。それが見当たらない。だから今村の「公判摘要」や「公判ノート」、それに平出修の「大逆事件特別法廷覚書」は断片的ではあっても、貴重で重要だった。それでも一六日間の裁判の限られた記録に過ぎず、全記録にはとうてい及ばない。長谷川にはしかしそれを積極的に探そうという意気ごみは感じられなかった。

会見は「なごやかな」中で終わったが、期待といくらかの不安が混じっていた。

森長は研究者肌の弁護士だったが、積極的に現場も歩いた。彼は生来、歩く人だった。「大逆事件」再審にかかわるようになって森長は史実調査として、事件関係者の旧居跡や活動場所などを歩いて回っていたが、そのフィールドワークをしているときに、「あきらかにする会」メンバーの一人から、新宿区余丁町八八番地（現・余丁町四―一〇）の区立富久《とみひさ》町児童遊園の片すみに、東京監獄・市ヶ谷刑務所時代の刑場跡を見つけたと教えられた。六三年の初夏の候だった。

現場には刑場跡を示す高さ一・六メートルほどの一本の木柱が建っていた。地元の町内会がここで毎年、秋の彼岸に卒塔婆を建て、花を供え、線香を立てているという。そうか、この刑場で「大逆事件」の一二人も処刑されたのかと思うと、森長はじっとしておられない。七月二四日に神崎清や近代仏教史研究者の吉田久一、塩田庄兵衛、小松隆二さんらとともに現場で慰霊祭をし、一二人の追善回向と記した卒塔婆を建てた。森長はそれだけで済まさなかった。

刑場では「大逆事件」だけでなく多くの死刑囚が処刑されている。市ヶ谷刑務所が池袋駅に近い巣鴨拘置所に移るまでの全刑死者、約二九〇人の慰霊塔を建てなくてはと思う。「あきらかにする会」の財政はしかし、再審請求に関係した諸費用だけでも底が抜けていた。森長は日弁連に話を持ちこんだ。死刑判決には弁護士たちもかかわっている。ならば刑死者たちを「慰霊」するのは弁護士の務めではないか、と。

森長が日弁連の事務総長だった萩山虎雄に「日弁連で刑場跡に慰霊塔を建てようではないか」と提案したのは、萩山の記憶では六三年の春だった(『法曹界』第九〇号)が、他の記録と突き合わせるとそれより少しあとで、森長らが卒塔婆を建てた夏ごろだったと思われる。事務総長からこの話を聞いた当時の日弁連会長の円山田作は、改めて森長、萩山と話し合い「弁護士の良心は刑死者にまで及ばなければならない」でまとまった。当時の日弁連の年間予算でも慰霊塔建立は無理だったので、会員有志に寄金を呼びかけて進めることになった。慰霊塔の規模を考えて三〇万円を見こみ一口一〇〇〇円で会員に呼びかけたところ、すぐに三五万円が集まった。

一九六四年七月一五日、市ヶ谷刑務所跡に刑死者慰霊塔が建ち、除幕式が行われた。碑文は円山の揮毫《きごう》した「東京監獄・市ヶ谷刑務所刑死者慰霊塔」。地元町内会長、新宿区長、日弁連会長、それに荒畑寒村や「大逆事件」で刑死した古河力作の弟の三樹松、そしてもちろん森長らを含めて百数十人が出席した。

「大逆事件」の再審と森長の足と心によってできた刑死者慰霊塔であった。

『東京新聞』は翌一六日付の都内版トップで報じ、感想を求められた森長の談話が掲載されてある。

「〔ここでは〕殺人、強盗の極悪犯も処刑されている。弁護士にとっては極悪犯でもやはりかわいい。処刑されホトケになってからでもこうして慰めてやるのが弁護士の仕事の最終の仕上げだと思う。こんな考えから大逆事件関係者だけでなく、ここでの刑死者全部を対象にした」

森長の人柄がじんわり染みてくるようだ。

わたしは「あきらかにする会」世話人の大岩川嫩さんの案内で一〇年以上前に慰霊塔を訪ねているが、弁護士の誰もがそのときまで気づかなかった刑死者にまで思いを伸ばした森長の想像力の射程の長さと愛情の深さに心を揺すぶられた記憶がある。それは彼が「大逆事件」とその再審請求に出会ったからでもあったろうが、もっと生来的なものかもしれない。森長は刑死者慰霊塔建立に尽力しただけではなかった。

刑場の歴史について調査し、慰霊塔建設の経緯とを合わせて三二頁のガリ版刷りの小冊子を三五〇部作り、関係者に配った。森長著の『東京監獄・市ヶ谷刑務所　刑場跡慰霊塔について』をわたしが見たのは二〇〇八年ごろで、大阪社会運動協会の労働資料室だった。奥付を見ると一九六七年九月で、印刷者として新宮市浮島の仲原清の名が記されてあった。

慰霊塔の建立後も森長は地元町内会の秋の慰霊祭にかかわりつづけ、それだけではなく刑場の歴史まで調べてきちんと記録として残す。それが森長という人だった。せいぜい建立で終わってしまうのが大方ではないか。この小冊子への礼状も何通か残されてあるが、中には「ここまでおやりになるとは！」と感嘆のはがきを書き送った弁護士もいる。

「森長資料」とは別に、森長の書籍類を所蔵している現代法研究所の「森長文庫」には「大逆事件」当時、東京監獄の教誨師で教務所長をしていた田中一雄の手記『死刑囚の記録』(上・下)(B5判の謄写版印刷)がある。わたしは池田浩士の「『故田中一雄手記　死刑囚の記録』を読む」(『日本のイノセンス・プロジェクトをめざして　年報・死刑廃止2010』)によってその存在を教えられたが、やや不完全な復刊版しか読んでおらず、現物を手に取ったのは初めてだった。森長がいつ、どういう経緯で貴重な記録を入手したのかはわからないが、慰霊塔建設や小冊子の記録作成の前後かもしれない。

田中が教誨師としてかかわった「大逆事件」の刑死者一二人を含む多数の死刑囚の記録は貴重であるばかりでなく、死刑制度を考える意味でも非常に重要なので、森長の小冊子や池田の小論、そして浄土真宗本願寺派と真宗大谷派の東西本願寺教団の『教誨百年』(上・下)などを参考に『死刑囚の記録』の成り立ちなども合わせ見ておきたい。

時代は少しさかのぼる。江戸常盤橋門外の濠端にあった牢屋が慶長年間に小伝馬町に移され、明治政府になってもそのまま使われていた。一八七四年一二月に新しく鍛治橋に獄舎が造られ、八一年に鍛治橋監獄署になった。その後、この監獄が東京駅の敷地に編入されることなどから、新たに市谷富久町に東京監獄が建設された。一九〇四年である。神道大成教の田中は鍛治橋監獄時代の一八九四年四月に初めて教誨師になり、一九〇一年に教務所長に就く。田中が刑事被告人に教誨を施すようになったのは、勅令第一七二号に基づく一九〇〇年からで、とくに死刑囚には熱心であったという。当時の教誨は大成教に任されていたが、田中が〇三年に浄土真宗本願寺派の僧籍に入ってからは、教務所長は本願寺派から派遣され、次席の教誨師は大谷派から派遣されるようになった。「大逆事件」時の教誨師は大谷派の沼波政憲《ぬなみせいけん》である。

田中は一九一二年一二月に退任するまでの間に死刑囚一一三人に教誨を施した。中に「大逆事件」の刑死者も含まれている。『死刑囚の記録』には死刑囚一人ひとりについての氏名、死刑執行の日時、罪名、犯行理由、職業、親族、宗教などと、死刑囚についての田中の感想が記されている。宗教者である教誨師が死刑囚にどう向きあったかはつかみにくいが、田中は一〇年以上にわたって死刑囚と接してきた結果、死刑制度も含めた感想を『死刑囚の記録』の「緒言」で記している。それには宗教者としての迷いが率直に語られてある。

「緒言」の冒頭で田中は「死刑須《すべか》らく廃すべし」と言い切る。そのすぐ後で「否廃すべからず。其《そ》れは社会に害毒を流すの大なるもの」だからとつづける。しかし「監獄の規律に従順なるものなれば死刑を執行するの必要なかるべし。如何となれば監獄に永く拘禁し置かば社会に害毒を流すこと能わざればなり」と田中の判断は揺れ、結論については、他日を期したいと述べつつ教誨師としての深刻な悩みを打ち明ける。

「とにかく仏陀の大慈大悲を教えながら、黙してこの残酷極まる死刑を見るは忍ぶ能わざるなり」。仏教者としての辛い真情を吐露し、死刑についての疑問をいくつか挙げている。その第一は「大逆事件」にずばり関係していた。

「日本の国体より言わば、刑法第七十三条の如き法律あれば、死刑を全廃すべきに非ざるべし。しかし遁走の憂いなきもの、監獄の規律に従順なるものについては更に殺すの必要を認めず」

天皇制国家にあって刑法第七三条の「天皇等危害罪」で死刑を規定している以上、死刑は廃止出来ない。

田中はそれを当然として認めている。逆に言えば、彼がそこまで意識していたかどうかわからないが、死刑の廃止が出来ないのは刑法第七三条があるからで、射程を伸ばしていくと死刑制度と日本の国体という問題に突き当たる。そうすると、田中が死刑を否定しながらなお逡巡しているのは刑法第七三条の存在だったのかもしれない。

田中は「天皇等危害罪」による死刑は別にして、死刑への疑問や問題をほかにも四つばかり挙げている。大慈大悲の説教で改心、懺悔した者への死刑執行が早いのはなぜか、誤判の疑いがある者もいる、また死刑の必要がないと認められる人が一〇〇例もある、さらに未成年者の死刑(一六歳以下の少年に死刑が禁止されたのは一九二二年の少年法制定以後だった)は、「言語同断」だと批判している。田中が教誨師の体験から死刑制度について抱いた疑問や問題は現在にもつながる。

『死刑囚の記録』は、監獄改良、出獄人保護、そして児童虐待防止におそらく最も早く取り組み、キリスト教の初めての教誨師として兵庫仮留監や釧路の集治監などで務めた原胤昭《たねあき》(1)(一八五三―一九四二)が田中から預かった。原はそれを日本犯罪学会に寄贈したのである。学会がこの貴重な記録を転写してガリ版刷りで発行した。したがって転記漏れや誤記もあるだろうが、確認の手立てはない。

「大逆事件」の刑死者についての記録は「下」に収められているが、一二人のうち宮下太吉と内山愚童の二人が欠落している。これは田中が二人を教誨しなかったのか、それとも記録しなかったのか、日本犯罪学会の転写漏れかはわからない。「大逆事件」の死刑囚については大谷派僧侶の教誨師の沼波政憲が同学会の市場学而郎《いちばがくじろう》に語った「幸徳傳次郎一派　死刑執行当時の状況」は知られてあるが、これも田中の記録の「下」に「附録」として収められている。「附録」でも森近、成石《なるいし》平四郎、松尾卯一太《ういった》の三人は漏れている。田中がこの記録をいつ書き、いつ原に預けたのか、また学会が同書を発行した時期などもまったく不明である。

森長が死刑制度をどう考えていたかは、『刑場跡慰霊塔について』では直接には語っていないが、別のところで知ることになる。

一九六三年九月六日午前、衆議院法務委員会が「大逆事件」の再審請求事件について神崎清と森長を参考人として招き意見を聞いた。森長は、五月二四日に赤松勇衆院議員から衆院法務委員会で「大逆事件」と再審問題を取り上げるので、参考人として神崎、坂本清馬とともに出席を要請されていた。坂本は所用で欠席したが、立法府が「大逆事件」を取り上げたのはむろん戦後初めてで、長く「大逆事件」を調べ、再審請求にかかわってきた神崎と主任弁護人から意見を聞くのは画期的であった。帝国憲法下の議会では、「大逆事件」の直後に取り上げられ議論されたが、国家や司法を批判する視点はそもそもなく、二六人は天皇に弓を引く「逆徒」「逆賊」という前提だった。

神崎と森長の意見陳述は各二〇分程度だったが、神崎は「大逆事件」については調査研究を積み重ね、獄中書簡など貴重な資料を多数発掘してきた経験などを踏まえて、この事件の国家犯罪性を陳述している。森長は再審請求に至るまでの四人の「復権」の経過を説明した後に、再審請求で裁判所に提出した、この時点での六五の新証拠の新規明白性について五つの特徴を挙げて説明した。

事件当時の司法省民刑局長で検事だった平沼騏一郎の謝罪を含んだ回顧録、また主任検事だった小山松吉が思想検事を対象に行った、捜査のでたらめ性と共同謀議の架空性を図らずも明かしてしまった講演録など、当局側の記録でさえ事件の捏造《ねつぞう》性を語っている証拠類が一つ。

当時の政治を動かしていた元老・山県有朋と宮内次官だった河村金五郎が交わした社会主義弾圧についての書簡、内務大臣の原敬ら政府要人の書簡や日記などから事件が事前に用意され、事後の措置まで描かれていたことを明かす証拠群。これが二つ目。

森長が次に挙げたのが、当時東京朝日新聞社の校閲記者だった石川啄木の一連の評論である。啄木は、弁護人の平出修から得た情報や社内で聞いた話で事件の性格をかなり正確につかんでいた。森長は時間の関係で法務委員会では具体的には示さなかったが、啄木は秋水が今村ら三人の弁護士に宛てた獄中書簡(「陳弁書」)を読み解いた結論の中でこう断定していた。

「幸徳及び他の被告(有期懲役に処せられたる新田融《ゆう》、新村善兵衛の二人及び奥宮健之を除く)の罪案は、ただこの陳弁書の後の章に明白に書いてある通りの一時的東京市占領の計画をしたというだけの事で、しかもそれが単に話し合っただけ——意志の発動だけにとどまって、まだ予備行為に入っていないから、厳正の裁判では無論無罪になるべき性質のものであった」(「A LETTER FROM PRISON」につけられた「陳弁書」の注記である「EDITOR'S NOTES」の四から。『石川啄木全集』第四巻、筑摩書房版)

啄木は判決からわずか四カ月後にこれを書いたが、存在が明らかになったのは一九一二年に彼が亡くなってからだった。公になったのはさらに遅く戦後である。

森長は四つ目として事件当時の被告人の友人や知人、たとえば荒畑寒村が一九一一年五月に書いたものなども新しい証拠だと法務委員会で述べている。

五つ目の特徴として森長が説明したのは坂本、森近の「行動証拠」である。森長が挙げたのは、再審請求を何度棄却されても諦めずに無罪を獲得した吉田石松のケースだった。一九一三年に起きた強盗殺人事件で犯人とされた吉田は半世紀にわたって無罪を主張しつづけ、第五次の再審請求の結果、六三年二月二八日に名古屋高裁で無罪判決を得た。「昭和の巌窟王」といわれた吉田の無罪立証ポイントの一つが「行動証拠」だった。

森長は吉田のケースを例に挙げて、坂本が判決後に獄中から無罪を求めつづけたことは無罪を示す「行動証拠」だと強調した。死刑に処せられた森近は、坂本のように無実を訴える機会を奪われた。けれども獄中書簡では、判決後には帰郷して村のために農業開発に尽力するつもりだったのに、予想もしない死刑判決に驚愕しているなどと書いており、これも広い意味の「行動証拠」だと説明した。

最後に森長は再審弁護団の事件全体に対する態度について、宮下ら五人については当時の法律ではやむを得ないという立場で、その他の二一人については全員無罪という姿勢で臨んでいると委員らに説明した。参考人の意見陳述後に、猪俣浩三委員が再審請求の見通しなどについて訊ねた。

「公正な裁判所であるならば、無実だということを明らかにし、再審開始決定に持ちこめるという自信をもっております」

原審（大審院での裁判）の記録を読み、無罪を明かせる証拠を出しているという自信が森長にはあった。「公正な裁判所であるならば」という森長のことばには、裁判官が大日本帝国憲法下の「天皇の裁判官」から自由になっていれば、との意味がこめられていただろう。最後に森長が語ったのは、これまで取り組んできた「大逆事件」と被害者への尽きぬ思いだった。

「この事件は、歴史ではないか、先ほど神崎さんに対する御質問に歴史研究家としてというようなおことばがありましたが、歴史ではないか、現実の事件ではないのではないかというようなお考えの方もあるかもしれませんが、私は決して歴史ではない。現に坂本清馬という生きた人間、犠牲者が一人生きている。私は生きた冤罪事件と確信しております。そしてまた、死んだ人たちのいろいろ死ぬまでに無実を訴えた悲痛な叫び声が墓の下から聞こえてくるような気持ちを持ってこの事件を担当しておる次第であります」

森長が最も強調したいことだった。限られた時間だったが、最後のところを読み返すと、「大逆事件」の再審請求を支えている森長の中には「大逆事件」のあらゆる被害者への思いがいっぱいに詰まっていたのだと思わずにはいられない。

参考人意見陳述の三カ月後からようやく再審請求の事実調べがはじまった。

九月一三、一四日に坂本清馬の陳述と審尋があり、一一月二九日と一二月二〇日の二回、「大逆事件」の時代に生きた荒畑寒村が証言した。明けて一九六四年一月一三、一四日の両日、高裁は岡山・井原へ出張し、森近運平を知っていた三人の証人尋問をし、妹の栄子の陳述と審尋が行われた。九月までにさらに四人の証人の証言があり、六四年暮れに弁護人側と検察側の双方が意見書を提出した。弁護人側は検察側の意見書を読んで、一〇八点の証拠について価値がないなどと断じていたことに反論するために「第二意見書」を急遽提出した。

森長は意見書を書くのに丸二日間費やした。ほとんど徹夜であった。へとへとになり、一九六五年一月二九日午前中の法廷で五人の弁護人が交代で「第二意見書」の朗読をしたが、森長には「生気はなかった」と、当日の法廷の様子を「あきらかにする会ニュース」第一〇号は伝えている。

弁護人の意見書についてのちに神崎清から天皇制に対する究明がなされていないという批判が出た。森長はしかし、再審請求では、法律家は事実に即してのみ真相を求めるのであって、訴訟法上、また訴訟技術上、天皇制を問題にしても裁判官に理解させるのは難しいと応じた。森長は「大逆事件」と天皇制の問題をどう捉えていたのだろうか。

当然、批判的にちがいないとわたしは思いこんでいたが、森長は「大逆事件」と天皇制については、直接的にはほとんど語っていない。わたしが見たかぎりでは、一九七六年四月号の『法律時報』掲載の「私の事件史のなかの天皇制」が唯一だった。その中で森長は、担当した事件ではないが、七五年七月の海洋博で訪沖中だった当時の皇太子夫妻に「ひめゆりの塔」で火焔ビンが投げられた事件に触れて書いている。

「火焔ビンが火傷程度の障害をあたえるにすぎないとしても、むかしなら二人の青年は大逆罪に擬せられて、死刑判決を受けるのであるから、大逆罪は、古来まれにみる酷刑であったといえる。私たち法律家は、沖縄のこの事件をみて、いまさらながら、悪法大逆罪がなくなっていることを、しみじみと感じたものである」

弁護士らしい意見だが、これで森長が天皇制についてどう考えていたかは十分わかる。

弁護人の意見書を提出した一九六五年一月二九日、再審請求の審理は事実上終わった。同じ日裁判長の長谷川が二月一日付で埼玉地裁所長に転任することがわかり、森長ら弁護団は再審請求の決定は合議によるとなっていたので、いつ合議をするのか不信を抱いた。さらに判事の一人が二九日に長野出張で不在だったことも判明し、再審決定はそれが出る前から疑惑の雲に覆われる。

再審請求がはじまって二カ月後の一九六一年三月一五日、三島由紀夫の小説『宴のあと』をめぐって日本で初めてのプライバシー訴訟が起きた。

「プライバシーの侵害／有田氏、三島氏らを訴う」「判例は日本にはない／注目される法廷論争」（『朝日新聞』三月一六日付朝刊）の見出しのついた社会面トップ記事は、リード文で訴訟の概要を伝える。

「三島由紀夫氏の小説「宴のあと」は個人の私生活をのぞき見したもので、プライバシーの権利（私事を知られたくない権利）を侵害したものだとして提訴の準備を進めていた元外相有田八郎氏（七六）は、一五日午後、作者の三島氏（三六）と出版元の新潮社社長佐藤義夫、同副社長佐藤亮一両氏を相手取り、損害賠償百万円および謝罪広告請求の訴状を東京地裁民事三部へ提出した。プライバシーの侵害を理由にした損害賠償請求訴訟が日本の法廷に出たのは、これが最初であるが（中略）私生活が〝のぞき見〟されることの多い昨今、この新しい「主張」を裁判所がどう判断するか、今後の審理が注目される」

本文の末尾に有田の代理人となった森長が語っている。

「名誉棄損を理由とする損害賠償請求の場合は、具体的な名誉棄損の事実や話の内容の真否が訴訟の成否を大きく左右するが、プライバシーの侵害の場合は、とにかく他人に触れてもらいたくない〝私事〟を公表されれば、それだけで、すでに「権利の侵害」があったとみなされるわけである。場合によっては最高裁まで持ちこみ、この問題についての判例を打ち出してもらいたい」

森長は主任弁護人として近代日本を問い直すしんどい「大逆事件」の再審請求事件と同時進行で、プライバシー権確立のための相当に困難な訴訟に取り組んでいたのだ。プライバシー訴訟には森長のほかにもう一人代理人がいた。宮崎龍介である。

中国革命を援けた「大陸浪人」宮崎滔天《とうてん》の息子、というより「筑紫の女王」と言われた歌人・柳原（伊藤）白蓮との「火の国の恋」で話題をまき、一九二〇年代前後からさんざん虚実ないまぜにした私事を書き立てられてきた、森長の大先輩弁護士で、戦後もさまざまな面で森長よりはるかに著名であった。しかし森長が見るところ、宮崎は「私事」をめくりあげられてもどこ吹く風といったふうで、プライバシー訴訟には不似合いに思えた。そんな彼が森長と一緒に訴状や準備書面に名を連ねたのだから、何とも不思議なめぐりあわせだったが、はじめから森長のところに持ちこまれた事件ではなかった。

森長が「あとで聞いた話だが」と前置きして一九八三年に書いた「プライバシー訴訟と宮崎龍介」（『司法の窓』第六〇号）によると、有田が最初に相談したのはさる名の知れた法律事務所だったが、言論、報道、芸術表現の自由の侵害に当たるので訴訟は無理だと断られた「らしい」。当時、有田は護憲連合に属しており、政治的には右から左まで渡り歩いてきた宮崎もそのメンバーだった関係で、三島の『宴のあと』に対する訴訟の可能性について意見を聞いたところ、宮崎も気乗りしない返答をしたようだと森長は想像して書いている。有田は護憲連合や宮崎も名を連ねていた護憲弁護士団で会食したことのある森長に相談した。『宴のあと』を一読した森長は、有田の希望していた名誉毀損では難しいと「二の足を踏み」、即答しなかった。

しばらくしてある人から、東京都立大学（現・首都大学東京）教授で刑法学者の戒能通孝《かいのうみちたか》がプライバシー訴訟でやれるのではないか、ただ宮崎は高齢で無理だが（宮崎は一八九二年生まれ）、森長なら出来るという話が届いた。森長は戒能とは旧知であり、二年ほど前に『法律時報』に出ていたプライバシーに関する論文など関係書を片っ端から読み、学生のように赤鉛筆で傍線を引いて猛勉強し、自分にも大いに関係がある権利だと「わかった」ので、引き受けることにした。宮崎はしかし、まるで関心がなかったみたいで、訴状と準備書面には彼の名は書かれて輝いていたが、全部森長が書いた。訴訟での証人尋問の際には、宮崎も尋問したが、高齢のせいでポイントのずれた尋問があり「耳打ちしてやめてもらった」という。

一九六四年九月二八日の第一審判決は、学説上でしか語られていなかったプライバシーの権利を日本では初めて具体的なケースで法的に認めた画期的な内容で、被告らは連帯して八〇万円(請求は一〇〇万円)を支払えと、有田側の請求をほぼ認めた。三島側は控訴した。高裁では、原告の有田が六五年三月に死去したこともあって、結局、和解で終結した(一九六六年一一月二八日)が、この訴訟によってプライバシーが日本語として定着した。控訴審から弁護士になっていた戒能が代理人として加わったが、森長によれば「戒能先生」の書いた準備書面を直したこともあったという。「若さのいたりとはいえ、私が手を入れたことを申しわけなく思っている」と、森長は一九八三年の『司法の窓』で詫びているが、戒能は七五年に亡くなっていた。

森長がこの訴訟を引き受けたのは結局、プライバシーの権利が自身の生き方、思想とぴたっと合ったからだ。森長がプライバシーの権利が「どうわかったか」を説明しているところを読んでみる。

「それは私のために作られた権利であるとわかったのである。私は出身地、家系、家族、私生活、などについて、他人にはほこるべきものは、なにひとつないが、同時に他人にかくさなければならぬようなこともない。いいかえると、私同様にただ平凡な家庭というにつきる。しかし私はこれを世間に公開しようとは思わないし、他人から家のなかのことをあれこれと聞かれることは、私の最もきらいなことである。私がプライバシーの権利がわかったというのも、こういう基礎的なことに共感をおぼえたからであろう。戒能教授が私が有田事件でつぎつぎに書く準備書面をみて、日本にもプライバシーがわかる弁護士が出たといって喜んでくれたのも、右のような基礎的な点で、自分の生活として、プライバシーを理解できていたからであろう」（『司法の窓』第六〇号）

この個所を読みながらわたしは、森長に切っ先を突きつけられているような思いにかられた。桂子さんが躊躇した「父の遺言」の思想だった。森長を追うことには、緊張せざるを得ない。

「森長文庫」に収められている数千冊の書籍の中に宮崎から森長に贈呈された本が一冊ある。たぶん事件を一緒に担当することになった「挨拶」だったのかもしれない。それは白蓮の第一歌集『踏絵』（初版は一九一五年）の第六版である。扉のところに宮崎が毛筆で、白蓮の歌を書いていた。

わだつ海の沖にもゆる火の国に
我あり誰《た》ぞや思はれ人は

添え書きとして宮崎は「思はれ人は宮崎龍介／情熱第一人」と記してあった。

文学にも美術にも造詣の深い森長だが『踏絵』の献辞を読んで、やや呆れ、笑みを浮かべながら書いている。「おおらかで、おめでたい人である」。六〇代後半に「思はれ人」を我と記せる宮崎龍介は、なかなか魅力的である。

後日譚を記しておけば、宮崎は七一年一月に七八歳で亡くなり、白蓮は宮崎との間の子が敗戦の数日前に戦死したため、戦後は、反戦平和に生きて、宮崎より四年早く、六七年二月に八一歳の生涯を閉じている。森長は二人の葬儀に参列した。

森長は森近運平の生家などで行われた岡山での出張尋問を含めて、すべての審理にかかわりつづけた。再審請求をした直後の一九六一年二月三日に出た『時の法令』のインタビューで森長は「若い弁護士にまかせる」と答えている。記録を見るとたしかに若手の斉藤、松井、宮原の三弁護士の働きが目立つが、やはり森長なくして再審請求という歴史的な事件を全うすることは不可能だった。森長は「大逆事件」の再審請求、つまり司法的な「復権」にかかわるようになって法律的な問題だけでなく、また再審請求に必要な供述書の作成のためだけでなく、事件関係地へ足を向け、遺族や関係者に会い、墓探しや墓参の旅をするようになった。その旅を彼は「大逆紀行」と名づける。再審請求前の六〇年の晩秋の候に初めて運平の生地の岡山県井原の高屋を訪ねたのがきっかけだったと思われるが、とりわけ当事者らの遺した獄中からの書簡との出会いは森長の心を大きく揺すぶった。

プライバシー裁判が進行中の一九六三年四月三日、森長は箱根の曹洞宗林泉寺を訪ねている。この寺には住職で刑死した内山愚童の墓があった。曹洞宗は彼を擯斥《ひんせき》処分にして永久追放したままであった。林泉寺では愚童の小さな墓に参り、愚童の作った仏像や彼が書いた過去帳などを見せてもらう。愚童が本山から処分を解かれたのがそれから三〇年後の一九九三年四月である。

森長は再審請求後に事件の関係地を訪ね、墓参をし、遺族らに会う旅をするようになったが、都内を除けば林泉寺が初めてだった。その翌年から森長は「大逆紀行」を本格的にはじめる。

「大逆事件」で最も多い六人が連座させられた紀州・熊野を森長が初めて訪れたのは、再審請求の審理が終盤に入っていた一九六四年四月一〇日から一一日にかけてである。森長は少年時代に新宮が生んだ作家・佐藤春夫の『殉情詩集』を愛読し、そのいくつかを諳《そら》んじるほどだったが、その地を踏むことになるとは思いもよらなかった。読書家の彼は熊野へ行く前に野田宇太郎の『関西文学散歩』で描かれていた熊野路を読み、潮騒の町である新宮のイメージを抱いて夜行列車で一〇日早朝に新宮に着いた。東海道新幹線が走りはじめるのは半年後の一〇月からである。

幸徳秋水が事件前に新宮を訪ねた際、一九〇八年七月末か八月初めに大石誠之助らと熊野川で舟遊びをし、そこで爆裂弾の製造法を尋ね、謀議をしたかのように検事聴取書や予審判事の「意見書」で書かれていた。森長は、事件当時一九歳で、秋水らの乗った舟を操《あやつ》り、存命だった天野日出造(号流水)から事実を確認し、内容によっては再審請求の新証拠として出すことを考えていた。天野は六〇年近く前のことだったが、舟に乗った人や時間、どこまで棹さしたのか、また舟の中の会話などなど、記憶ちがいもいくらかあったが、わりあいよく覚えていた。天野の供述は検事聴取書などの「事実」を覆し、当局の作り話だったことを明らかにした。天野証言は再審請求の新証拠として東京高裁に提出された。

森長の新宮訪問は再審請求中だったので、全国紙だけでなく、紀南のいくつかの地元紙も取り上げている。聴き取りは天野の経営していた旅館「望洋閣」で行われ、その際の写真が「森長資料」のスクラップ帳に貼付されてある。卓上に広げられた資料を前に森長は天野の隣で笑みを浮かべ、くつろいだ表情だ。その場には天野だけでなく、峯尾節堂の弟の三好慶吉、元市立図書館長の浜畑榮造と郷土史家の仲原清も参加していた。浜畑は図書館長時代の六一年七月に図書館編集・発行の地域誌『熊野誌』第六号で大石誠之助特集を組んだために市議会で問われ、館長辞任に追いこまれてしまった(「熊野誌六号事件」)。そのときに編集に尽力したのが仲原清である。新宮では、大石誠之助は事件から半世紀後も禁忌の中に閉じこめられたままであった。浜畑はのちに『大石誠之助小伝』を自費出版する(一九七二年)が、国家の嘘による有罪判決は、だからこそ司法が解かなければならなかった。

新宮初訪問で仲原に出会ったことは、森長にとっては「大逆事件」の真相を幅広く捉え、それを社会に伝えていくうえで大きな出来事だった。彼の熊野に関連した「大逆事件」関係の仕事は仲原の存在なくしてあり得なかったから。仲原も初対面で森長の人柄や識見に強く魅かれるところがあった。

森長が天野から聴き取りをした日の午後は雨だったが、浜畑や仲原の案内で南谷墓地にある大石誠之助の墓を参った。南谷墓地は急斜面に多くの墓群があり、大石家の墓所は高い位置で南に向いいくつもの墓石が建っていた。晴れていれば日当たりがよく、見晴らせるだけではなく、野田の『関西文学散歩』に書かれていたように新宮の海が見えたはずだ。山間で育った森長は期待していたが、雨のために視界に入ったのは下方にある火葬場だけだった。

大石の墓参のあと、森長は同じ南谷墓地にある峯尾節堂の墓にも足を向けた。樹木に覆われた、日の射しこまない峯尾の墓所は暗く、小さな苔むした墓石があるだけで、森長の心を締めつけた。峯尾は臨済宗妙心寺派の僧侶だったが、愚童と同じように本山から擯斥処分されたままだった。本山が峯尾の処分を解き復籍したのは一九九六年九月で、彼が事件の被害者だった事実が書きこまれた碑版が墓所に設けられたのは二〇一八年三月である。

熊野のもう一人の被害者の高木顕明《けんみょう》の墓は新宮にはなく、森長は彼が住職をしていた市内の浄泉寺を訪ねた。ここでは現在の住職の先代から顕明の書いた過去帳を見せてもらった。大谷派も顕明を永久追放処分にしたままで、顕明の存在さえ知らぬ気であった。本山が処分の誤りを認め、謝罪し、顕明の僧籍を復活したのは、峯尾の「復権」の五カ月前の一九九六年四月だった。森長は浄泉寺の当時の住職からどのような話を聞いたか書き残していないが、何か心に期すところがあったかもしれない。それは後の森長の動きからの推測である。森長の熊野行は時間の関係で、成石勘三郎・平四郎兄弟の墓や隣県で「復権」の手助けをした﨑久保の墓所には足を向けられず、宿題になった。

熊野行は再審請求の証拠収集のためだったが、事件の関係地は他にもたくさんあり、新宮だけで済ますわけにはいかない。熊野から帰って六カ月後の一〇月一一日、森長は開幕したばかりの東京オリンピックの喧騒を避けるように高知へ飛んだ。中村市(現・四万十《しまんと》市中村)の秋水の墓参りと再審請求人・坂本清馬との面会である。再審請求を後押ししてきたが、六一年の参院選挙で落選、生業の医師に戻っていた坂本昭との再会もあった。清馬は坂本ドクターに体調不良と診断されて入院中だったが、森長が来たというので養女のみちえが働いていた旅館「花屋」で久しぶりに対面、相変わらず意気軒高でどこが悪いのか森長も首を傾げるほどだった。

この日は雨だったが、正福寺の墓地で秋水の墓参をし、みちえに案内されて書籍で埋まっているうなぎの寝床のような清馬の部屋を見る。再審にかける清馬の熱いエネルギーが噴き上げているような書籍の山に森長も唸ったかもしれない。

中村から高知へ戻った森長に二つの出会いが待っていた。一つは坂本昭の尽力で岡林寅松の妹の松本晃《てる》恵《え》との出会いである。一九四七年に最初の「復権」を坂本清馬と一緒に得た岡林寅松は、その喜びもつかの間、翌年に急死してしまった。市内の小高坂山《おだかさかやま》にある岡林家の墓へ案内された。森長が事件の近親遺族に会ったのは古河力作の弟の三樹松、森近栄子、三好慶吉に次いで四人目である。晃恵との出会いが縁で森長は岡林の小学校時代から成人までの歩みを語る資料を提供され、それらは「森長資料」に収められてある。

高知では、森長の遺族調査に全力で協力してくれることになるもう一人の人物と出会う。墓参の後に、岡林や「大逆事件」再審請求に関係して行われたわりあいざっくばらんな座談会があり、国民救援会高知県本部長で、社会事業家の大野武夫や労働運動史研究家らが参加した。座談会の記録は高知県教職員組合発行の雑誌『るねさんす』(第二〇一号)で報告されてあるが、その中で森長は一九一九年二月一一日に立憲政友会高知支部が秋水の遺族に「感謝状」を贈ったことを法曹専門紙の『法律新聞』で見つけ、それを紹介していた。古い『法律新聞』をめくる弁護士はそうはいないだろうが、森長は実に丹念に歴史を調べ、見逃さない人だった。「感謝状」は秋水を憲政に大功労があった人物と絶賛し、「大逆事件」には一言も触れていなかった。間もなく県政界で大きな問題になり、「事件」に発展したという。

岡林寅松の妹の松本晃恵さんと(徳弘達雄さん提供,坂本昭撮影)

この座談会の記録をテープ録音で手伝ったのが大野の長女で、当時高知市民図書館に勤務していたみち代である。これが縁になったのか、それ以前から関心を持っていたのかはわからないが、彼女は座談会以後に日本の近代史にかかわる「大逆事件」の被害者遺族の調査に森長の助手のようになって動く。大野みち代は仲原と同じように、森長の包みこむような温かい人柄に引きこまれたのだろう。森長からはどこか人を惹きつける独特のオーラが出ていたのかもしれない。

東京高裁の再審請求の決定がまだ出なかった六五年三月一七日、森長は熊野を再訪する。あるエッセイで森長は「旅行嫌い」と書いているが、やや太めの外見以上にフットワークは軽やかだ。今度は、前回行けなかった三重県・御浜町《みはまちょう》の﨑久保誓一の墓参と和歌山県・本宮町《ほんぐうちょう》（現・田辺市本宮町）にある成石勘三郎・平四郎兄弟の墓参だった。

生前、﨑久保誓一には会えなかったが娘のあやは存命だった。森長が会った遺族はこれで五人になる。あやは子どものころは、快活で明るかったが、事件後は狭い地域社会で辛酸を嘗めたと伝えられていた。森長にもそんな辛い体験話をしたかもしれない。自宅に近い林松寺にある誓一の墓は新しく、今村力三郎の贈った「与天無極　徹堂」が裏に刻まれてあった。揮毫は寒村である。わたしは﨑久保の墓に二〇一九年一月も含めて何度か訪れているが、佇まいは堂々としている。墓にはあまり屈託はないのだが、「大逆事件」の関係者に限ってわたしは特別の注意を払って接してきた。それは警察当局が弾圧によって葬儀も行わせず、墓も建立させなかったケースが少なくなく、被害者が死してなお弾圧されつづけたからだ。

娘のあやの夫の睦男は、﨑久保と血縁関係はないが、再審請求に加われなかった誓一の思いを汲み、再審請求の行方にずっと関心を寄せ、支援し、森長に相当の書簡を書き送り、森長も雑誌などに書いた原稿や著書を送っている。睦男は森長がつかめなかった連座者の遺族の真情を聞き出すことにも協力している。

本宮町請川へは新宮から熊野川をさかのぼってバスで行ったようで、請川の奥の川湯温泉の「亀屋」に宿を取った。そこで事前に知らせておいた大阪在住の成石平四郎の遺児・意知子《いちこ》とその息子の岡功《おかいさお》と初めて対面し、森長は合わせて七人の遺族に会うことが出来た。わたしが岡功と一緒に「亀屋」に泊まったのはそれから四三年後である。森長が会ったとき功はまだ二二歳の学生であった。森長は意知子・功母子と歓談したと記している（「あきらかにする会ニュース」第一一号）が、意知子はおそらく記憶の糸巻きを繰りながら平四郎の刑死によって母を失い、「逆賊」の遺児として歩まされた東京時代のことなどを涙ながらに森長に語っただろう。

功は二〇一七年に亡くなったが、存命中に「大逆事件」への導き手は森長と坂本清馬の二人だとわたしにくりかえし語っていた。「森長資料」には、功からの事件などについての問い合わせの手紙も少なくない。中には、大学卒業後の進路相談の手紙もある。森長の訪問から二年後の六七年三月に勘三郎と平四郎兄弟の一・六メートルの高さの記念碑が請川に建立されたが、森長に依頼された寒村の撰文によって記念碑が出来たことへの功の感謝の礼状も混じってある。寒村は一〇〇字と限られた文字数の碑文が難しいと森長にぼやきのはがきを送っているが、撰文は成石兄弟と同時代に生きた彼にしか書けなかった事件観に貫かれ、かつ殺されていった同志の無念さを織りこみ、寒村ならではの鮮やかな名文である。

「明治政府架空の大逆事件を虚構するや、平四郎勘三郎の兄弟また連座して倶《とも》に冤枉の罪に死す、「行く先を海とさだめししづくかな」は平四郎の辞世なり、風霜ここに五十余年、いま兄弟のために碑を建てて無告の幽魂を弔う」

成石兄弟の墓参をした後、森長はバスで四時間揺られて田辺へ向かった。勘三郎が五五年前の夜に、証人として田辺警察署まで連行された道だったことを思い浮かべて。田辺では、すでに平四郎の生涯について問題になった『熊野誌』（第六号）に寄稿し（掲載は半分のみ）、森長にも送っていた杉中浩一郎（二〇一九年死去）に会っている。

森長はそのまま京都、神戸へ足を延ばした。京都についてはのちに触れるが、神戸は岡林と小松丑治《うしじ》が働いていた神戸海民病院の後身の湊川精神病院を訪ねている。二人については何も伝えられておらず、病院の場所も変わっていた。しかし後に大野みち代によって元の病院のあった詳細な地図と当時の神戸海民病院の写真まで発見されている。

森長の足は止まらない。二カ月ばかりした五月二五日には、事件の発端になった明科町《あかしな》（長野県安曇野《あづみの》市明科）のアナキストで芸術・政治団体「黒耀会」の創立者だった、画家、漫画家で知られ、「大逆事件」を調べている望月桂《もちづきかつら》を訪ねた。宮下が爆裂弾を投げた「現場」と伝えられていたJR篠ノ井線明科駅に近い「継子《ままこ》おとし」への地図を望月に描いてもらい、それを頼りに「現場」へ行ったが、森長には投げた場所は特定出来なかった。このときの疑問を「大逆事件ニュース」第一一号に書いている。

「宮下自供も爆弾を投げた場所のところは、具体的には述べていない。質問する検事や予審判事も具体的にその所を具体的に聞こうとしていない。宮下にその場所の地図も書かしていない」「どうも継子おとしは小野寺〔藤彦〕巡査（宮下逮捕の功労者として表彰）などが作った伝説ではあるまいかと思った」

森長がこう記してから四二年後の二〇〇七年にわたしが明科へ行った折には、宮下が爆裂弾を投げたと推定されるところに標柱が建てられていた。その際、わたしは標柱の「大逆罪発覚の地」の文言に強い違和感を覚えたが、森長だったらそれだけでなく推定地とはいえ、それでいいのかと指摘しただろう。わたしがさらに一〇年後に再訪した折には、標柱はなくなっていた。シロアリに喰われて折れてしまったからだと、「明科大逆事件を語り継ぐ会」の大澤慶哲《けいてつ》さんに教えられた。拙著も含めて森長の指摘している

「現場」を特定出来ていない問題は、「大逆事件」の成り立ちの脆弱性を語る一つだと、森長は早くに記していたことになる。事件の発端地の明科へ行った森長だが、このときには時間がなく宮下の出身地の甲府へ行けなかった。

明科訪問から一カ月後の六月二五日、森長は運平の墓参りのために高屋を訪ねた。一九六〇年秋の初訪問、六三年一月の高裁の出張尋問に次いで三度目だった。車を運転しない森長が不便な高屋にたびたび足を向けるのは、「大逆事件」にかかわりつづける原点の一つに、読むたびに涙を誘い、そして後世の歴史家に真実の解明を託した運平の書簡から発する声を聞きつづけているからだろう。

森長が新村善兵衛・忠雄兄弟の出身地である信州・屋代へ行ったのは高屋訪問から約一カ月後の七月下旬である。信越本線篠ノ井駅から軽井沢方面へ向かって二つ目の屋代駅(現・しなの鉄道)近くにある生蓮寺《しょうれんじ》にある兄弟墓を墓参した。刑死の忠雄と刑法第七三条ではなく、爆発物取締罰則違反で八年の刑を受けた兄の善兵衛の兄弟は仲が良く、一つの墓の右側に忠雄の戒名、左側に善兵衛の戒名が並んで刻まれてある。兄はしかし仮出獄中に故郷ではなく、大阪で客死している。そうした事実を胸に刻んでの森長の墓参であった。

森長は、さらに四カ月後の六五年一一月初めに四人の被害者を出した熊本へ向かう。以前から熊本行きをと願っていたが、熊本には遺族や墓を知る手がかりがなく、地元の熊本日日新聞の世話になった。再審請求の主任弁護人の森長の知名度は全国区で、報道部の副部長が下調べも含めて対応した。

熊本の「大逆紀行」については森長のノートの中に、克明に綴った日誌が大きめのメモ用紙に七枚挟まれてあった。それに沿って熊本の森長を追っていく。

一一月三日、一二時四七分熊本着。直ちに熊本日日新聞社へ。そこでは、千葉刑務所で病死した佐々木道元の弟の信道(道元の生まれた即生寺の住職)が待っていた。森長の会った八人目の遺族である。すぐに市内を一望できる立田山《たつだやま》へ行き、刑死した新美卯一郎《にいみういちろう》の名も刻まれた「新美家の墓」を墓参し、膚接《ふせつ》するようにして建っていた、新美の内縁の妻の金子トクが建てた卯一郎単独の墓を参った。森長のメモを読みながらわたしは、しとどに流れる汗を拭きながら、夏草に覆われた新美の墓を探しまわった二〇〇八年の夏の日の昼下がりを思い出していた。金子トクが薩摩琵琶を爪弾きながら苦労して建てた卯一郎の墓に出会った瞬間は、思わず涙がこぼれたことも。

森長は墓参後、市内で酒類などの小売業を営んでいる、卯一郎の妹の越智ノブを訪ねた。森長が直接会った遺族はこれで九人になった。ノブの記憶では、事件は一六、七歳のころだったが、家族は鹿児島にいたので、事件の影響は少なかったという。ノブは母からは、「卯一郎は無実だ」という話を何度も聞かされた。店の前で撮ったノブの写真が森長のスクラップ帳に貼ってある。熊本日日の記者が撮ったのだろう。

道元の寺、即生寺へは信道の案内で訪ねた。表からみると、寺だか、しもた屋だかわからない構えと森長は「あきらかにする会ニュース」第一一号に書いている。門を入って左側に「即生寺の墓」と刻まれた一基に道元の遺骨が、代々の人びととともに埋められている、と信道から教えられる。

森長の熊本「大逆紀行」は忙しい。かつて新美が松尾卯一太と創った熊本評論社や平民評論社のあった街を新聞社の車の窓から視野におさめるだけで、夕方四時発のバスで山鹿市へ向かう。約一時間。再審請求をと思いながら亡くなった飛松の妻カズエの連れ子の夫である高田肇に会い、彼の案内でカズエに会う。飛松との結婚は仮出獄後で、一九二七年だったという。事件当時の遺族とは言えないが、仮出獄後の飛松の様子を聞く。新聞記者、役場書記、襖張りなどの仕事を転々とした飛松だが、生きていれば再審請求をしただろうというカズエのことばを森長はメモに書き留めている。

熊本の連座者四人は、紀州・熊野の六人のように狭い地域にいたわけではなく、それぞれの居住地が県内に広がっている。山鹿に一泊した森長は、翌日は再びバスで刑死した松尾家の墓所のある玉名市の川島へ。雑草の生い茂っている墓所には一七基の大小の墓があり、卯一太の墓は最も大きく比較的早く建てられたが、文字を刻むことを禁じられ、しばらくは白面だったという話を聞く。一角の奥にあった墓を巻いていた蔦を取り払うと、卯一太の父の墓だった。息子の検挙後、証人として呼ばれて厳しく追及された父は、卯一太の刑死から五年後に七〇歳で没している。森長には、「墓地の雑草までがさながら大逆事件を語っているように思われた」。森長は卯一太の妻で、父より苛酷な調べを受けた松尾倭《しず》(静枝)の墓が松尾家の墓所にはないことや夫の刑死後の彼女についてはメモではまったく触れていない。彼女の流転の人生は、語るにはあまりに悲しすぎたからかもしれない。

森長はタフだが、二泊三日の熊本の「大逆紀行」はさすがに「へとへとに疲れた」と帰京後に「あきらかにする会ニュース」に書いている。

東京に戻った森長の許へ、越智ノブや飛松の遺族らから礼状が届く。その後も森長は墓参をし、多くの遺族と会い、書簡による交流をつづける。遺族にとって森長の墓参や面会は、慰問のように温かく思えただろう。森長の「大逆紀行」は六五年の一年だけでも五回に上った。古河力作の生地・福井県小浜などいくつか残っていたが、忙しい弁護士が乏しい財布から旅費を捻出し、時間もかかる「大逆事件」の遺族慰問の旅をつづけることは容易ではなかったはずである。

森長のそんな思い、エネルギーはどこから出てくるのだろう。かつて秋水や運平らと熱く交わり、「赤旗事件」(一九〇八年)のために「大逆事件」では連座を免れ、辛うじて生き残った堺利彦は事件直後に刑死した遺族らの慰問の旅をしたが、彼は同志を奪われた悲しみと怒りと痛惜の念を抱いての旅だった。堺は、秋水らの作った「平民社」を応援し、『平民新聞』にも多くの資金援助を惜しまなかった京都・須知《しゅうち》の資産家の岩崎革也のカンパで遺族慰問の旅を、刑事に尾行されながら敢行したが、半世紀以上のちの森長の「大逆紀行」にはもう一人の岩崎はいなかったが、警察の尾行もたぶんなかったろう。

再審請求には資料代や謄本代、通信費、印刷代などが膨大にかかっている。担当の弁護士の出張費もかかる。一九六四年一月一五日付の『日本経済新聞』には「弁護団の費用はいっさい自弁。カンパもほとんどない」と書かれているが、実際はどうだったのか。

「あきらかにする会ニュース」第八号に森長は「再審事件内緒ばなし」という台所事情の話を書いている。岩手県・小繋《こつなぎ》村の入会権をめぐる「小繋事件」の訴訟にかかわっている戒能通孝がタイプ代だけで一〇万円使い、上告理由やその補充書のタイプ代も五〇万円はかかる、それは用意しているが焼け石に水と訴えている話を紹介する。つづいて「帝銀事件」の主任弁護人山田嘉夫が、死刑確定囚だった友人の平沢貞通のために私財を投じ、最後は精魂尽きて亡くなった悲劇に触れている。

「大逆事件」では資金を提供しようという篤志家は現れず、自分には投入する私財もないので、「この事件をやる資格がないのかもしれない」と森長は嘆く。弁護団の打ち合わせでも、他の事件のように料亭や旅館での会合は持てずコーヒー一杯で我慢してもらっている。能勢克男や毛利与一の京都、大阪の弁護人の東京往復の旅費も自己負担を強いている。岡山の出張尋問の旅費も出せずに申し訳ないと謝る。それでも一〇〇〇円、五〇〇〇〇円、一万円といったカンパは最初からつづき、坂本昭からは私財一〇万円ほどは投じてもらっていることに感謝する。「大逆事件」再審事件は、多数の弁護人でやるべき事件とは承知しているが、弁護人が一人増えれば「私に負担がかかる」ので、現状でいきたい。

意気地のない主任だが、金づくりの才能はないので、他の弁護人と研究者の協力を得て「事件の解明のためにのみ自分の全部をささげたい」。生活費は細々とした町の事件をやって、家族には迷惑をかけないようにしたい。森長はこんなふうに報告して、大方の理解を得たいと訴えるのだった。

あまりに身につまされる「内緒ばなし」に支援者から、申し訳ないという手紙やはがきと一緒にカンパが寄せられる。

森長は審理の終わった後の「あきらかにする会ニュース」第一〇号には、やるべきことはやり切ったので、使い切った体を癒したいと書き、ジョークを交えて他人事のように記している。「数少ない依頼者にも迷惑をかけてきたが、これからは弁護士の本業に復帰して、夫婦喧嘩や交通事故の事件でもやって借金をかえし、印刷費などの穴埋めをしたい、そういえば、一着限りの冬服も裏が破れ、すそがすり切れてきたと笑っていた」。

二四人に死刑判決が出て、一二人がすぐに処刑された「大逆事件」は世紀の大事件で、その再審請求も同じように世紀の大事件だった。当時なら、労組や政党などの組織的支援を受けるのがむしろふつうだったが、森長は決して組織に頼らなかった。それが再審請求運動の財政の苦しさの一因でもあったろう。

「組織に頼ると、大逆事件の真相を明らかにすることにはならないと確信しておられたのです。それは戦後間もないころに味わった組織への不信があったのだと思います」。布施辰治の孫で、日本評論社の編集者としても森長と長く交流のあった同社現会長の大石進さんはそう推測する。「森長流」の闘い方は、とりわけ六〇年代にあっては特異ではあったが、組織を嫌い個に徹した森長らしかった。

遺族を訪ね、展墓をし、再審請求のための新証拠を探し、証人尋問をし、再審弁護人や研究者らとの月に何回もある打ち合わせをつづけ、書面を書き、プライバシー裁判、新聞のスクラップ……体がいくつあっても足らないほど目まぐるしい日々の、そのさ中で森長は法曹界を目指す学生を対象にした月刊誌『法学セミナー』に連載をはじめた。「史談裁判」のタイトルで一回四〇〇字詰め原稿用紙で三〇枚ほどだ。

弁護人を決定した一九六〇年春ごろから六七年秋までの再審関係だけの動きを記した、森長の日誌ふうの「大逆事件」関係のノートを追っていくだけでも、月刊誌に連載を書くなどとはわたしには到底信じられなかった。

「私が日本評論社に就職して最初に所属したのが『法律時報』編集部でした。そこに一年ちょっといて、『法学セミナー』に移ったのが六一年で、森長さんの自宅兼事務所へあいさつに行ったんです。当時、会社は須賀町にあって、森長さん宅と近かったのです。間もなく森長さんから、異動のお祝いに「史談裁判」というのを書きたいがどうかね、というはがきが来たんです」

大石進さんは連載「史談裁判」のきっかけをよく憶えていた。再審請求の幕が上がった直後で、プライバシー裁判がはじまったばかりのころだ。「史談」ということば自体はあっても、それをタイトルにしたところが森長のオリジナリティであった。帝国憲法下で起きた多くの刑事裁判を通して近代史を捉えようという試みで、それまで誰も手をつけたことのなかった法曹史であった。連載は一九六三年七月号からで、六六年九月号まで三年以上つづけた。

「二つの判事収賄事件」「教科書事件」「出歯亀事件」「ある不敬事件」「お艶殺し事件」「朝鮮総督府暗殺事件」「島倉儀平事件」「原敬暗殺事件」「第一次共産党事件」「甘粕事件」「福田大将狙撃事件」「三・一五―四・一六事件」「第二次大本教事件」「帝人事件」「阿部定事件」「スパイ査問事件」など、わたしたちもよく知っている事件だけでなく、無名の事件約四〇件を取り上げた。評判が良かったのだろう、連載が終わってすぐに本になる。連載以外の『自由と正義』(一九五八年九月号)掲載の「黙秘権のむかし」、『学習のひろば』(一九六四年一月号)に書いた「幸徳秋水らの大逆事件」、新たに書き下ろした「ロバートミラー事件」の三本も同書に収められた。

事件の筋や結末をふつうの人には入手し難い裁判史料を駆使し、弁護士、検事、裁判官の三者と被告人を立体的に組み合わせ、法曹史から見た日本近代史になっている。事実に即して淡々と「史談」として描かれているが、森長の碩学ぶりが随所にうかがえ、それでいてとっつきやすい読み物に仕立て上げられている。文体は、森長の文章を読んできた小松隆二さんが言うように手を入れたくなるようなところもあるが、それがかえって心に染みてくるから不思議である。

森長は『史談裁判』「後記」で企画の動機を説明している。現憲法になって平和主義、基本的人権が尊重されるようになったが、いつの間にか憲法の理想が崩れはじめた。司法へ目を向けるととくに深刻で、原因は「明治憲法時代の裁判官がそのまま居座ったため」で、司法は明治以来の伝統に安住、それを固めようとさえしていると危惧する。そこで「現在の憲法の眼で、明治憲法下の裁判を振り返ってみよう」と考えた。

問題意識はしかし前面には出さず、むしろ「昔の裁判をあるがままに再現することにつとめ」、フィクションを排し、わからない点はわからないとし、断定を避けたという。読めばなるほど、帝国憲法下の刑法、刑事訴訟法を取り巻くさまざまな法体制は国防法規とともに、当時の人びとの命、人権、自由をすさまじい力で押しつぶしたことが具体的な事件によって浮かび上がってくる。

取り上げた事件は、その重要性を判断して決めたのではなく、「手当たり次第にあげていった」。「大逆事件」と共産党大弾圧の「三・一五―四・一六事件」は意識して取り上げたが、この二つの大事件は、他の多くの事件に関連し、アウトラインだけでも語っておきたいからだと「後記」に記している。これらの事件の調査には相当の時間がかかる。数年前から調査していたにちがいない。

それにしても再審請求中に、プライバシー裁判を抱え、「大逆紀行」をしながらである。五〇代後半から六〇代にかけての森長のエネルギーは、一見のんきそうなその風貌とはまるでちがって尽きることがない。森長は「さらに四〇件ぐらいを続編として加えるならば、明治以降の特色ある刑事裁判はあますところなく集めたということになろうかと思っています」と続編を書くつもりだと読者に予告する。結局、「史談裁判」は少しの中断をはさんで七四年九月号までつづいた。六三年から書きはじめているから一一年を超える非常に長い連載で、単行本で全四巻としてまとまった。森長が取り上げた帝国憲法下の刑事事件は項目としては一一八だが、事件数にするとさらに多くなる。

帝国憲法下の刑事事件を法曹の世界から描きつづけて、日本の近代史を捉えたのは森長が初めてで、しかも弁護士・森長の眼で捉えられているところが大きな特徴である。人権とか民主主義とか自由ということばで表すより、彼の根っこにでんと居すわってある、国家権力に潰されていく人びとへの尽きせぬ優しさで貫かれている。「森長史眼」と言っていいかもしれないが、それがさまざまな事件を通して全四巻に詰まっている。

「森長さんは最初からあれほど長い連載をする予定ではありませんでした。途中から予想以上に大きな仕事になると決意を持たれ、明治憲法下の裁判を示すのに重要な事件が漏れないように意識して取り上げるようになったと思います。森長さんはご自身の史眼には自信を持っておられましたね」

大石さんのことばどおり森長は、「史談裁判」に取り組む姿勢について二冊目の『続史談裁判』の「後記」に記している。

「こういう仕事は、共同研究としてやるなら、もっと早く出来、もっと正確にできるのではないかと考えないでもありませんが、無意識に織りこまれる著者の物のみ方でつらぬきたいために、やはりひとりでやることにしました」

ここで森長はさり気なく「無意識に織りこまれる著者の物のみ方」と書き、つづけて彼の体験から得た思いを語っている。

「著者は多くの同僚が大学にかよっているときに、学校のそとで、ひとの心の動きをつぶさに学ぶことができました。裁判の事実認定では、ひとの心の動きをどうつかむかということに、大きなウェートがあるように思われます。著者はこの点について誰にも負けぬ自信を持っているつもりですが、あるいはひとりよがりかもしれません」

淡々とした記述だが、森長のプライドであり、相当の自信である。森長や中野好夫らとともに『正木ひろし著作集』(全六巻)を編集した歴史学者の家永三郎は、森長を「裁判史家」と評している。「史談裁判」は、「大逆事件」とは別の意味で森長のライフワークになった。

森長は書くことが好きだった、調べることにも貪欲だった。「史談裁判」を書きつづけながら、帝国憲法より前の時代の「裁判・自由民権時代」を構想し、「足尾鉱毒事件」、さらに帝国憲法下で権力と闘いつづけた先輩弁護士らの伝記も書かねばと思い、それを次々に実現していく。中でも評伝『山崎今朝弥』は味わい深い、出色の評伝である。

「裁判史家」は家永の命名だったが、森長の眼をそこに向けさせたのは何だったのか。「それは、やはり「大逆事件」との出会い、それをやったからだと思います」。大石さんはしばらく考えこんで、そう言い切った。わたしはそれに加えて、司法への不信があったのではないかと思っている。

森長が熊本から帰京して一カ月後の一九六五年一二月一〇日、東京高裁が「大逆事件」の再審請求棄却の決定を伝えた。決定の日付は一二月一日である。

「坂本清馬、森近運平に対する刑法第七三条の罪の被告事件につき明治四四年一月一八日大審院特別刑事部が言い渡した判決に対し右坂本清馬本人及び森近運平からそれぞれ再審請求があったので、当裁判所は検事及び請求人らの意見を聴いたうえ次のとおり決定する。

主文

本件各請求を棄却する」

棄却決定の理由は、弁護側提出の一〇八点の証拠は「新証拠にあたらず」「証明力が乏しいものが多く」、原判決（大審院特別法廷の有罪判決）を「くつがえすには十分ではない」と述べて結局、原判決をなぞり、「天皇の裁判官」の判決を全面的に肯定した。戦後司法は歴史の新しい頁をめくらず、大審院時代に戻ってしまった。森長が敗戦後間もなくからかかわり、「大逆事件」の被害者と遺族のために、事件全体の国家犯罪性を法的にも明らかにしようと、若い弁護人や研究者らの協力を得て精魂を傾けて取り組んできた再審請求は、戦後の司法に阻まれた。

「大逆事件決定、棄却。新聞、テレビで大きく報道する」

森長の「大逆事件ノート」の一二月一〇日の欄には、一行きりしかない。請求人の坂本清馬と森近栄子の落胆と憤怒はもちろんだが、森長はどんな思いでこの一行を書いただろう。感情も破綻してしまうほどの無念さ、悔しさで事実しかメモできなかったのかもしれない。

棄却決定の冒頭のほうで、原審の中身を白日の下に照らす最も重要な記録である法廷記録「公判始末書」を探す努力もしなかったことをさらりと書いている個所がある。ここを読んでわたしは、森長や神崎らが六三年一月に裁判長の長谷川成二と面談した折に、彼が「公判始末書」はなくても判断できるというニュアンスをにじませて語ったことを想起したのだった。

「裁判所は、弁護側の提出した新証拠を判断するより、原判決をいかにして守るかという点に力を入れたようだ。司法の権威のためにも原判決が正しかったといわざるを得なかったのだろう。決定には無論不満である」

一〇日付『朝日新聞』夕刊に掲載された森長のことばは、口惜しさをぐっと抑えてはいるが、戦後司法への批判が噴き出さんばかりであった。「森長さんから直接はうかがっていませんが、再審請求には自信があり、期待もされていたと思います。ですから棄却には、煮えくり返らんばかりだったと思います」。神田の「やぶそば」から再審請求に伴走し、現在も「あきらかにする会」の世話人をしている大岩川嫩さんは、当時の森長の心中を改めて察する。

棄却決定に対して坂本は怒りをあらわにし、闘いつづけると宣言し、森近栄子は司法判断がどうあろうとも、兄の無実を信じ、森長の尽力に感謝した。ここでは主任弁護人の森長の思いを中心に追っていく。

坂本と栄子はすぐに最高裁に特別抗告をした。そのさなか、高裁決定に必要な五人の判事の合議がなされていなかった重大な疑惑が生じ、裁判長の長谷川が衆院裁判官訴追委員会に訴追される事態になった。「大逆事件」には、非公開や証人不採用や公判始末書存在不明など原審段階から絡みついていたさまざまな疑惑が、再審請求の決定経緯にもべったりと付着したのである。

再審請求で何回にも分けて提出した一〇八の証拠は、もともと強引な供述中心で捏造された事件という困難な中で、弁護団と研究者らが懸命に蒐《あつ》めた資料や書簡や新たな供述などだ。一つひとつでは原審をひっくり返せるパワーはないかもしれないが、それらをまとまった一つと捉えれば、原判決を覆すだけの力は十分にあると、森長は自信を持っていた。高裁決定は、新証拠をバラバラに切り離し、これも駄目あれも駄目と否定した検察側の意見に全面的に従っていた。森長は一本をバラバラにして、証拠能力を消滅させてしまう考え方を寓話になぞらえて、『日本読書新聞』（一九六六年五月二日付）のインタビューの中で批判する。

「イソップ物語に、もう少し、もう少しと背中にワラを積み上げられ、かろうじて重さをこらえていたロバが「これくらいはいいだろう」と無造作にのせた一本のワラの重みのためにつぶれてしまった、という話がありますが、切り離した新証拠では判決をつぶすのは困難でも、証拠の総力は十分にその効力をもっていたはずなんですよ」

森長の落胆はあまりにも大きかった。棄却決定から二カ月後の六六年二月号の『法律時報』では、再審請求を起こしてからの五年近い努力が水泡に帰したのではないか、戦術が間違っていたのではないかなどの内からの声と外からの批判の声に応えるようにして筆を起こした。三部で構成されているわりあい長い文章だが、最後の三のところが当時の彼の正直な胸の裡ではないか。

「弁護人の中には、いかに精緻な理論をもってするも駄目だったのではないか、もっと裁判官を摑《つかま》えて離さない方法を考えなければならないのではないかというものがでてきた。そこへくると、私は無能力を痛感する。私が考えるものは事実と理論だけであった。しかしいろいろの点で、裁判所に協力することも私は惜しまなかったつもりである。それがこの結果である」

打ちひしがれてしまったかのようだ。何より森長は請求人の坂本や森近栄子に申し訳ない思いでいっぱいだった。彼は半世紀前の先輩弁護士の平出修が大審院判決後に臍《ほぞ》を嚙むような思いで書き残した「後に書す」を思い出して、引用する。

「ただそれ余は十有六回法廷に何の必要ありて立会したか、二時間の弁論は何の必要ありて之をなしたか、何のために憂え、何のために論じ、何のために泣いたか、実に弁護人に何らの価値を与えずに、余の至誠は何らの反響を起こさずに終わってしまったのである。痛恨、慚愧、亜《つ》ぐに憤慨を以てしても、今将《はた》何をか持ち来すべきか」

慟哭した平出は末尾で「緘黙《かんもく》を守る」と結んだ。森長は平出のこの結語を静かに胸に畳む。

「私も一時的には健康を害してまでも、他の九弁護人〔故鈴木義男弁護人を含む〕とともに、手弁当で四年間も何のために弁護したのかと、五五年後に、同じ事件で、平出とともに同じ言葉をくりかえさなければならないことを残念におもう」

　彼は感情を露わにはしない。家の中でも外でも。森長を敬慕していた後輩の弁護士の向武男《むかい》は、森長の不快な表情を見たのは二度だけだと追悼記に書いている。あまり得意ではなかった講演も、アジるような話しぶりではなく、小声で訥々《とつとつ》と語った。再審請求を担うとき、「一二人目の弁護人」と意気ごんだ森長が、大審院特別法廷の熱誠の弁護人だった平出の噴き上げる瞋恚《しんい》のことばに口惜しさを重ね合わせねばならなかった思いを、わたしは半世紀後に初めて知って「大逆事件」という世紀の大事件とその再審請求の壁の厚さにため息をつく。

　合議がなされなかったのではないかという疑惑含みの高裁の棄却決定に、森長は『法律時報』で「再審の壁は厚い」と書き、その視線を真っすぐ司法の極端な保守性に向ける。五〇年無罪を叫びつづけた吉田石松の事件の再審開始を決定した裁判長が高裁長官に呼ばれて「新聞に名前を出したいのか、ラジオやテレビに出たいのかと叱責されたという話も、私は確かなすじから聞いている」と明かす。また吉田事件の無罪判決の中で先輩裁判官の過誤を詫びているところを批判する裁判官が多いとも述べる。

「再審を認めることは、司法の威信を損し、司法権をゆさぶることのように、司法部の中枢は考えている」と、人権より司法の威信を重視するそのあり方を問う。わけても「大逆事件」で先輩裁判官の過誤を認めれば「司法権独立の神話を維持しようとする司法部にとっては、大逆事件の再審は耐えられないことかも知れない」と戦後司法に絶望してしまったようだ。棄却決定の背景に「天皇の裁判官」から自由になっていない戦後の裁判官の実像に森長は目を向けざるを得ない。

裁判長の長谷川だけでなく、棄却決定の際の陪席判事の関重夫、小川泉、上野敏、金末和雄の四判事のうち戦後の司法修習生から裁判官になったのは、一九二五年生まれの金末だけで、他は戦前の裁判官である（『司法大観』[2]）。「裁判官の戦争責任」をずっと意識していた森長は、六九年に出した『続史談裁判』の「後記」でも戦前戦後の裁判官へ厳しい目を向ける。

帝国憲法下で独立したはずの司法権は、一八九一年の「大津事件」で大審院院長の児島惟謙《これかた》の決断で独立したとされているが、治安維持法下では自ら独立を放棄した例が少なくなかったと指摘する。「たとえば国体に関する悪法である治安維持法を是認したばかりでなく拡張解釈して、思想・言論を抑圧し、天皇の戦争の下地をつくることに加担したようなことです」。法曹史を「森長史眼」で追ってきた人らしい核心を衝く指摘だが、「後記」ではそうした裁判官の戦後の「居座り」についても突っこむ。

「戦争に加担した裁判官は、終戦時に戦争責任を負うべきであったと思いますが、その「責任」は全部不問に付され、棚上げにされ、その身分をそのまま、日本国憲法下に引きつがれてしまいました。現在は「天皇ノ名ニ於テ」する裁判はないわけでありますが、かつて「天皇ノ名ニ於テ」裁判し、日本国憲法下の意識では悪法といわれたものを苛酷に適用してきた裁判官が、そのまま日本国憲法下に居すわり、司法界で上層部にいたということは、二つの憲法のちがいを抹殺することになり、裁判革新の機会を失わせました」

森長は治安維持法下で弁護士をしてきた経験を持ち、机上から批判しているのではなかった。「後記」では「大逆事件」の再審請求棄却に触れてはいないが、彼の中にはもしかしたら戦後への期待とともに、「天皇の裁判官」が「大逆事件」の再審を担当することにどこか雲を踏むような思いがあったかもしれない。

森長が「大逆事件」の再審棄却決定と『史談裁判』で問うてきた戦後司法への根っこの問題は重なり、それは戦時期の裁判官が去った今も地つづきのように横たわってあるのではないか。

『法律時報』に寄せた原稿の中で森長は棄却された理由について、彼が良しとした「静かなる闘い方」にも目を向ける。

「いかなる政党の後援も受けず、はがき戦術など大衆闘争を敬遠し、弁護人による静かな法廷闘争のみを念じた戦術も、再審請求事件のまえには、その失敗が証明せられた」

本心からそう思ったのだろうか。費用のところで触れたように再審請求を進める運動で彼は、「森長流」で闘った。森長自身は党派性のない、根源を見つめる反戦・平和主義者で、かなりラディカルな思想を持っていたことは明らかだが、労組や政党の支援を求めなかった。それは失敗だったのだろうか。そうではなく、森長の言うように「大逆事件」のような天皇がらみの事件では、「天皇の裁判官」だった先輩裁判官の過ちを正すことへの覚悟と勇気の欠如、それが棄却の根っこにあったからではないか。

彼は気を取り直すようにして、二四人中二一人は無罪だと確信した平出の「後に書す」を再び呼び出して、「余は此の点に於いて真実の発見者である、此の発見は千古不磨である」と刻印したことばを引く。それに今村力三郎が『芻言』で絞り出すように記した「余は今日に至るも、該判決に心服するものに非ず」を重ね、悔しさと哀しみを合わせて高裁の棄却決定に敢然と向き合う。

「原判決から五五年目に、裁判所の棄却決定があっても、死刑判決二四名中、少なくとも一九名を冤罪とする私の見た真実は、依然として永久に真実であると、くりかえしていわなければならない」

最高裁はしかし、第三小法廷に継続されていた特別抗告事件を大法廷に回し、高裁決定から二年後の六七年七月六日、特別抗告を棄却した。長谷川弾劾についても衆院訴追委員会は「訴追せず」と結論し、結局合議がなされないままの高裁棄却決定への疑惑も解明されないまま幕が下ろされた。(3)「大逆事件」は司法に刺さったトゲだが、戦後司法はそれを抜くチャンスを与えられながら、逃してしまったのである。

再審請求棄却後の森長の思いを追ってきたが、再審請求を希望しながら亡くなった義父・﨑久保誓一の思いを汲んで再審請求を支援してきた睦男の書簡を「あきらかにする会ニュース」の第一二号と第一五号から読んでおきたい。睦男は高裁の棄却決定のときにすぐに森長宛にはがきを出している。

「期待をかけていた〔再審請求の〕棄却の事を知った御二人〔坂本と栄子〕の方はさぞ涙を呑んだ事でございましょう。御同情申上げております。﨑久保誓一は、坂本様とほとんど同じ境遇〔秋田監獄で同囚〕に立たされていたし、私達は事件の遺族としてひたすら公正な裁判所の断を期待しておりましたが、棄却の断にただ驚き入るばかりです。悲憤の情を禁じ得ません。再審に移せば裁判所の威信に関わるとか、あるいは再審で無罪とした裁判官が、その保身の考えから棄却で片づけたとかんぐりたくもなります。もしそのようなことでは、後世の嘲笑を買うのみと思っております」

最高裁の特別抗告棄却に対しては手紙であった。

「特別抗告が却下されたことを知って、呆然といたしました。今日まで御苦労なされた弁護団の方がたの胸中お察しいたします。坂本様も森近様も定めし無念でしょう。私どもも同様の思いです。裁判の権威を挽回するよい機会であったが、裁判所がこのことを思いしや思わざりしや、裁判所が自ら好機を放棄したことは、実に悲しむべきことと思います。大逆事件はでっち上げの事件であることは今日中学で学ぶ社会科の参考本にも出ている位であるから、一般の常識といってよろしいでしょう。にも拘わらず、裁判所は敢えて横車を押そうとする。惟《おも》うに再審に持ちこめば裁判所の威信に関わる、あるいは畏《おそれおお》くも天皇に関することであるからとの恐れからではなかろうか、これは愚生のみの思い過ごしでしょうか。この事件を扱った裁判官は歴史の上に大きな汚点を残した事を覚悟せねばならないでしょう。この度の申立てのために弁護団の方がたによって苦心蒐集された数々の証拠は、従来の記録の上にさらに冤罪を強固にするものと信じます。別の意味からして、このことの成果はまた偉大で、弁護団の方がたに厚く感謝いたします」

睦男は森長ら弁護団の献身的な努力と尽力に感謝せざるを得ない。

「あきらかにする会ニュース」第一五号には、「請求人、弁護団から」支援者への感謝のことばが掲載されている。

「大逆事件再審請求は、不本意な結果で終わりましたが、これまで物心両面から多大な御支援をいただき、請求人、弁護人としては、なし得る限りのことをなし得たことを、この機会に、全国の皆様に感謝申し上げます。なお、今後とも、この事件の真実解明のために御協力をお願いします」

簡単な感謝の挨拶に万感の思いがこめられてある。

最高裁大法廷の抗告棄却の決定をほとんどのメディアは、「大逆事件」の再審はピリオド、「大逆事件ついに終止符」などの見出しで報じた。抗告棄却決定の翌日の『朝日新聞』「素粒子」は「「大逆事件」再審に終止符。明治はついに近くならず。大逆は遠くなりにけるか」と、かつて新聞が「大逆無道」と被害者や遺家族らを鞭打ったことも忘れ、慨嘆して、幕を下ろしてしまった。森長は特別抗告棄却後の八月二八日付『日本読書新聞』のインタビューで「裁判所や権力にその事実を認めさせることはできなかったが」「何も終わっていません」と言い切り、インタビューアーが手弁当で再審請求に尽力した森長の「計算不能のエネルギー」について訊くと、「歴史を書き変えること」だからと浩然と答えている。

森長はたしかに終止符を打つつもりはなかった。森長流で「闘い」をつづけようとしていた。

再審請求のためにつくられた「あきらかにする会」については、森長は役割を終えたと判断して解散するつもりだった。六一年の参院選挙で落選した坂本昭を引き継いで「あきらかにする会」の事務局を大京町の自宅兼事務所に置き、「あきらかにする会ニュース」第五号(一九六三年三月二〇日)から第一七号(一九六九年一二月一〇日)までほとんどひとりで作ってきたが、それも休刊にと考えた。森長が再審請求を通じて追求した「明治史の書きかえ」は司法的には阻まれたが、嵜久保睦男が書いているように再審請求運動によって事件の研究は神崎、絲屋らだけでなく社会政策学者で東京経済大学教員の大原慧らの若手の登場によって飛躍的に進み、真相は細部まで含めてどんどん明らかになり、「大逆事件」が国家の「思想殺し」だった事実はもう動かない地点にまでたどりついた。

一九七〇年から事務局長は大原慧が受け継ぎ「あきらかにする会」は存続する。

一九七五年は再審請求の舞台が大きく回った年だった。

再審請求は絶対に諦めない、それまで生きつづけると叫んでいた坂本清馬が無念のうちに八九歳で亡くなったのは、最高裁の特別抗告棄却決定から八年後の一九七五年一月一五日だった。同じ年の一二月一〇日には森近運平の妹の栄子が大阪の娘宅で旅立った。享年七八歳。翌年、彼女の遺骨は生地である高屋の兄・運平の墓の近くに納骨された。夫の菊雄もすでに一九六八年七月に他界していた。

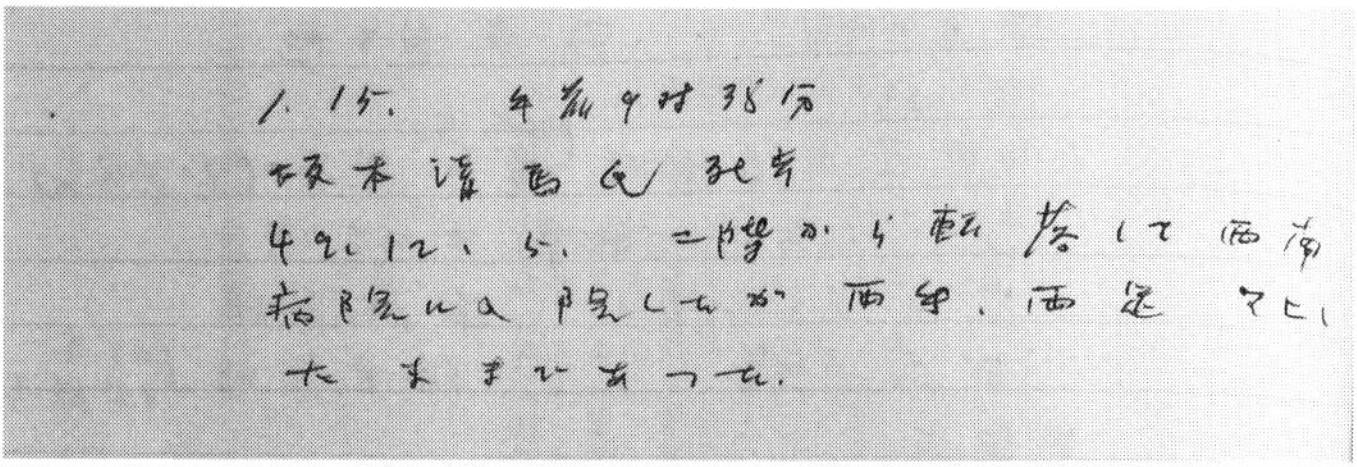
1.15. 午前9時38分
坂本清馬氏死去
49.12.5. 二階から転落して西南
病院に入院したが両手、両足マヒし
たままであった.

坂本清馬の死を記した「続大逆事件日記」(森長資料)

坂本清馬が亡くなってすぐに「あきらかにする会」編で彼の自伝が刊行された(一九七六年)。清馬と最も長いつきあいをした森長は自伝の終わりに「坂本清馬翁の手紙から」を書いているが、末尾のところで再びの再審請求に触れている。

「再審請求は新発見の新証拠を加えることによってなんどでも出せる。新発見の新証拠が出てきて、機運が熟するならば、私より若い弁護士松井康浩、斉藤一好、宮原守男君らを主体にしてやってもらいたいと思い、三君もその覚悟と用意をしていたのであったが、そのことを翁に告げる機会もないまま、他界されたことは残念である」

再審請求については条件がそろえばやるべきだとは考えていたが、六九歳になっていた森長はもう自分が中心になっての再審請求は無理だと思ったのだろう。請求人の負担の重さも想った。森長はしかし、「大逆事件」の再審請求の道がどんなに果てしなく遠くても、この事件に生涯かかわっていこうと決めていた。

「森長さんは法律家として「大逆事件」を真正面に据え、国家の中の法律という装置の中で、事件がどういうふうにつくり出され、処理されていったのかに焦点を当ててこられました」

「あきらかにする会」事務局長の山泉進さんは再審請求に取り組んだ森長

の闘いをそう総括する。再審請求の棄却が決まってからも、法律家としての森長の事件を捉える意識には変わりはなかったが、これからは「事件」の被害者一人ひとり、遺家族の生と死、さらに近現代の歴史を重ねて重層的に表現し、伝えていくことがいっそう必要だと自覚するようになった。

再審請求棄却から一四年後、森長は正木ひろしの『冤罪の証明』(旺文社文庫)の長い解説の末尾で無罪にならなかった冤罪事件について重要な指摘をしている。

「無罪判決のない無罪が、夜空の星の数よりも多いことを知らなければならない。これがほんとうの冤罪である。(中略)体制側の刑事訴訟手続では、どうしようもないものは、私たちによって、人民の名において無罪の判決をすることになろう」

森長のこの思いを「大逆事件」の再審請求にあてはめるなら、司法的に閉ざされたならば、「人民の名において」、つまり市民的社会的な「復権」をしようと言っているのだ。

すでに森長は最高裁の棄却決定の前から被害者を「復権」していくために彼の流儀、表現によって「大逆事件」に新たな頁を加えていく準備をしていた。司法の根っこを問うには、表現によって市民的社会的な「復権」をしていくしかないと思ったのだ。

彼は「緘黙」するつもりはなかった。

注

(1) 原胤昭については片岡優子「原胤昭の生涯とその事業——兵庫仮留監教誨師時代を中心として」(『関西学院大学社会学部紀要』第一〇〇号、二〇〇六年三月)から教示を受けた。片岡にはそれらの研究の集大成である『原胤昭の研究——生涯と事業』がある。

（2）五裁判官のうち、関と金末の二人は第1章の注で触れた「三無事件」の高裁判決（三裁判官合議）で、予備・陰謀の構成要件を詳細に検討した判事だった。

（3）再審請求の経過、棄却決定、合議疑惑問題、最高裁の特別抗告棄却決定、衆院訴追委員会の結論などについては、拙著『大逆事件　死と生の群像』で坂本を軸にくわしく追っている。

第3章

自由主義

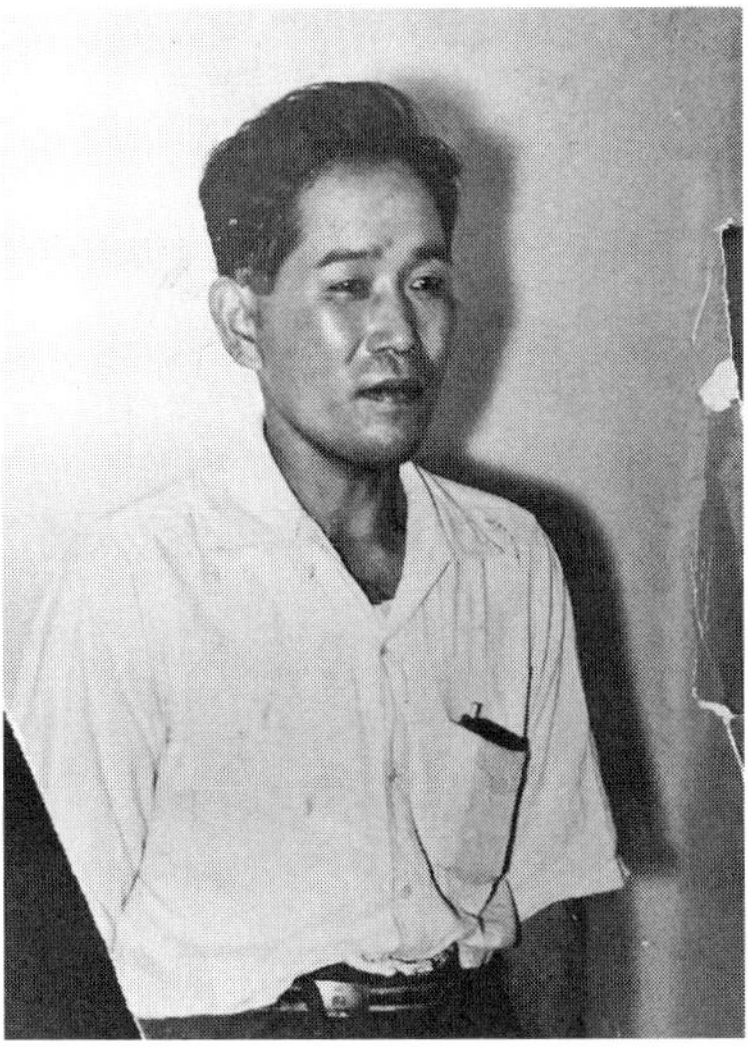

20代のころ(渋谷桂子さん提供)

父が生まれたのは徳島県で最も高い剣山を望む名西郡神山町上分江田というところで、「ミョウザイグンカミヤマチョウカミブンエタ」といいます。神山町になる前は上分上山村江田といっていました。とても不便なところで周囲は山ばかりの狭隘《きょうあい》な寒村です。

父の生まれた家はもうなくなってありませんが、先祖代々の森長家の墓所はあります。ここに写真が二枚ありますのでご覧ください。一枚は江田の集落の風景です。寂しいところでしょう? もう一枚は森長家の先祖の墓所で、長兄の益一郎さんの法事があって親族の方が墓参したときだと思います。どちらも一九八二年の写真で、父の亡くなる一年ほど前です。何しろ遠くて、交通が不便なので行くのもなかなか大変なんです。

でも最近、大阪などから移住者が多いそうです。都会へ出て行った人の家がそのままになってしまい、その古民家をリフォームしてパン屋さんをしたりして住みつく若い方がいるんですって。テレビのドキュメンタリー番組で取り上げられていたのを観ました。でも父の生まれた江田は、役場のある神領《しんりょう》よりうんと山深いところですから、都会の人が移住するには適さないでしょう。

桂子さんから問わず語りにそんな話をぽつぽつと教えられるようになって随分になる。二〇一九年の一月下旬、今でもあまり交通の便は良くはないと言われていた、森長の生地の江田を訪ねた。昨年は何度か積もるほどの雪に見舞われたそうだが、この年は温かく、わたしがJR徳島駅に着いた日も日中の気温は一三度でほっこりするような陽気だった。

駅からは、神山町役場のバス停「寄居《よりい》中《なか》」へ行くには徳島バスである。本数は一時間に一本あるか、ないかだった。乗車したバスは国道四三八号をほぼ西に向かって走る。市内を抜けると、道はカーブが多くなる。すれ違いがぎりぎりの細い個所もある。バスはひたすら西へと走る。市内から外れると、乗客はほとんどいなくなる。駅から三〇分、いや四〇分ほどしたころだったか「次はおろの」というアナウンス。「祖父が一時、上山村の隣村の村長をしていたのが鬼籠野《おろの》です」と桂子さんに、おどろおどろしい雰囲気の漂う読みと文字を教えてもらった名だったので覚えていたが、運転手横の表示は「おろの」と平仮名だった。

「おろの」からは役場のあるバス停までは約一五分、徳島駅からぴったり六〇分かかった。揺れが多く、乗りでのある道のりだった。神山町は県のほぼ中央部で、吉野川に流れこむ鮎喰川《あくいがわ》の最上流の町である。

徳島バスは役場前までで、そこから江田へは日に何本もない町営バスでかつての上分上山村の中心地「川又上」まで行く。森長の生地は「川又上」からさらに奥である。役場で取材をしているうちに町営バスに乗りそびれてしまった。やむなく役場前にあるやや大きめのタクシー会社に頼む。川又上までは舗装された道を鮎喰川に沿って上って行く。両側にはやせ細った杉木立がつづき、ところどころに檜《ひのき》が混じる。窓から上方を見ると、山ばかりである。

『上分上山村誌』には、耕地はきわめて少ない、平地はほとんどなくことごとく山林だとある。数字的には八八パーセントが山林原野だとも記されている。

「杉ばっかしやろ。戦後すぐに成長の早い杉をどんどん植林したんやけど、輸入材に奪われてしまってぜんぜん売れんようになって、今はほったらかしで、やせ細ってしまい、下草も生えん。都会からの移住者か？　多うなったゆうても、しれてる。町の人口は五〇〇〇人ぐらいちゃうかな」。タクシーの運転手はお手上げといった口ぶりで嘆く。二〇一八年の人口は五四〇〇人だった。

「剣山へ三四キロ」の標識が視野に入ったところが「川又上」で、江田へはさらに鮎喰川に流れこむ江田川にそって上り勾配の山道をうねうねと行く。舗装はされているものの行き違いは難しそうだが、対向車の来る心配はあまりなさそう。生産量が県下一のスダチが、季節外れだがここかしこに残っている。「取り残しや。人手がないので取れへん」。狭隘な谷間の山の斜面に猫の額のような棚田が遠くに見え隠れする。地元の人が江田川と呼ぶ谷川から水を引いているという。収穫された米は、自給用だ。それぐらいしか穫れないという。

タクシーはずんずん上って行くが、総務課で紹介してもらった森長の生家を案内してくれる西森洪太さん宅がなかなか見つからない。人家はほとんど見当たらず、人の気配もない。「人よりシカや猿のほうがずっと多いしなあ。イノシシもおるし。熊は聞かんなあ。わしらもここまではあんまり来んからわからへん」と運転手はわたしの持参したゼンリンの地図コピーを頼りにして、上って行く。山間と狭い谷あいが入り組み、標高もかなりありそう。「役場の辺が二〇〇メートルやから、この辺はもう三〇〇メートル以上やろ」。運転手が一軒の家を見つけて、訊いた。そこが西森洪太さんの家だった。

「森長さんのことは、わしは名前しか聞いとらん。よう知ってる人がすぐ近くにおるさかい」。西森さんはそう言って、農作業用の車で先導してくれた。さらに上へと上っていく。すぐ近くは、車で一〇分ほどだ。「ここや」。西森さんが案内してくれたのは、点在する江田の集落と小さな棚田が見下ろせるようなところで、そこが森長家をよく知っているという下窪《したくぼ》貢さん宅だった。標高は三五〇メートルぐらいだという。

森長の生家跡．茶畑になっている（著者撮影）

「森長さんとこは、在所では一番奥になる。わしんとこが買うたから森長はんの家はもうあらへん。屋敷跡はある、わしんとこが茶畑にした。すぐ傍や。行くか」

一九三一年生まれの下窪さんは杖もつかず、ひょいひょいと先に立って歩くが、すぐ傍といってもかなりある。「石垣のとこが森長さんの家があったとこや」。見上げると、なるほど茶畑になっていた。生家はなかったが、かなりの標高の山間の貧しい集落だったことはわかった。振り返ると、下の方に猫の額ほどの棚田がぽつぽつ見えるだけだ。目を上げると視界に入るのは、山、山、山。こんな寂しい江田から東京まで出た人は「さあ、森長さんぐらいやろう。大阪ぐらいならおるけど」。

わたしが訪ねたのは真昼間だったが、上山村全体に電灯が灯るようになったのは戦後のことだったという。森長の幼いころの二〇世紀初めはローソクだったそうだ。灯りの乏しいころ、風や雨の強い日には山の木々が荒浪のように騒ぐ音、獣の声に眠れぬ夜もあっただろう。雪が降り積り、深い闇と身が引きこまれていくようなしんとした夜に少年は夢を描けたろうか。思った以上に奥深い山の中の風景にわたしはそんな不確かな想像をめぐらせる。桂子さんに見せてもらった写真より実際の江田のほうがはるかに奥地だった。

「江田は、今は三〇戸ほどだが、明治のころは五〇戸はあったやろ。風景か？　まあ今とそんなに変わらん。山ばっかしや。江田は上山村では一番面積が広く耕地もあったが、なにしろ狭いから食えるほどの収穫はあらへん。棚田と段々畑。みんな自給用や。せやから、農業ていうても、実際は山林業や。主に山が収入源やが、手間がかかるし、力仕事やけどな」

せっかくだからと森長家の墓所まで案内を請うた。車を途中で降りて、一〇分ほど歩くと崖っぷちの狭い斜面に「森長家先祖之墓」など七、八基の墓が建っている。「ここには森長さんとこだけやなくて、在所の人の墓もある」というが、在所の人はともかく、遠くから墓参に来るのは何とも難儀だろうと思わずにはいられない。英三郎はここには分骨もされていない。

森長英三郎は一九〇六年一月一〇日、江田に生まれた。男ばかりの三人兄弟の末っ子。父の憙三《きぞう》は一八七二年生まれで、隣村の鬼籠野村村長や上分上山村村長などを歴任したが、英三郎が上分上山尋常高等小学校二年生のときに四一歳の若さで急逝している。父の死で徳島農業学校に入学したばかりの長兄の益一郎は母を助け、二人の弟を養育するためにやむなく中退し、帰村した。『上分上山村誌』には、村の発展に尽した人物として憙三と益一郎の二人が顔写真付きで取り上げられているが、英三郎は父親とそっくりである。桂子さんの手もとに残されてある描き手不明の憙三の似顔絵はなかなかいい絵で、父子はもっと似ている。

自己については語らず書かずの森長だったが、生い立ちについてもほんの断片しか書き残していない。「幼時から貧を友としてきた」（東京弁護士会『法曹緑会誌五十年誌』）と書いているように貧しさだけが身体に沁みていたのだろうか。寒村に加えて父が早くに他界した影響もあったかもしれない。

英三郎が、村に一校の上分上山尋常高等小学校の尋常科を卒業したのは一九一八年三月である。神山町教育委員会に所蔵されていた『上分小学校百年史』に一九〇六年から一九八三年までの卒業生（尋常科のみ）約七〇〇〇名の名前と写真が各年度ごとに載っている。繰っていたら、「大正七年三月卒業生」の名前に「森長英三郎（死亡）」があった。

わたしはあとで徳島市立図書館にもあった『百年史』の該当頁をコピーし、写真にも撮った。それによると、森長が卒業した年の名簿には、全員で二〇人の名前しか載っていないが、集合写真に写っている子どもたちを数えると、女子一三人と男子三六人だった。中に英三郎少年もいるはずだが、わたしには見分けられない。かなり鮮明な集合写真なので、家族ならわかるだろうと後日見てもらったが、子どもたちの顔が小さすぎて無理だった。

上分小学校は二〇一五年に廃校になるまで森長が通っていた同じ場所にあった。むろん当時の校舎は改築されていたが、廃校時の三階建ての校舎はまだ残っていた。教育委員会に頼んでカギを開けてもらって内部を見た。森長は自身の過去には淡泊だったが、母校にかなり早くから多くの本を寄贈していた。学校では「森長文庫」と名づけて子どもたちが読書できるように開放していたそうだ。どんな本を送っていたのか。校舎の中のものはあまり処分していないという職員の話だったので期待した。廊下の壁に貼られた『百年史』の年表がそのまま残っていたが、本はあまりなく「森長文庫」の長ぼそい木の看板だけが教室の片すみに寂しく置かれてあった。
江田の集落から学校までは三キロ以上ある。行きは山を下っていくので三〇分から四〇分で着くが、帰りは上りで、子どもたちは道草を食うので一時間はかかっただろうな、と下窪さんらは少年のころを思い出す。英三郎の時代も同じ山道を上り下りしたのだから変わらない。後に弁護士となる少年・英三郎はどんな子どもだったのだろう。それを語れる人は今ではもういない。

父が亡くなって二年ばかりした一九八五年八月でしたが、四谷の家に江田に住んでおられた高木聡さんという方が訪ねて来られて、私たち家族が聞いたことのない父の子どものころの話をうかがいました。初めて知った話ばかりで、そうだったのかと思ったもんでした。高木さんは森長の家の隣り、といっても田舎ですから離れているでしょうが、同じ上分上山尋常高等小学校に通っていて、二学年下でとても仲が良かったそうです。高木さんのお話は断片的でしたが、そのときの簡単なメモが残っています。

そのメモによる少年の日の英三郎の風姿の一端は、高木の語りにするとこんなふうだった。
「私は英三郎さんのことを「英」と呼んでいましたが、二人とも静かで大人しく、とても仲が良かった。英は小さいころから本が好きで、いつも本を読んでいた。あるとき、外で遊んでいると、夕立があって子どもたちは慌てて、サーっと家に帰った。ところが英は帰って来ない。お母さんが探し回って、脱穀機にムシロが何枚もかかっているので、おや？　と中をのぞいてみたら、英がムシロの下で本を読んでいたんです。そんなことがありました。

それからこれは大騒ぎになったのですが、私が五年生で英が高等科の一年のときでした。江田からはずいぶん離れた石井という大きな町があって、そこへ行けば本屋がある。英はそこへ行って本を買いたい、でもお母さんに言うと、叱られるので、月参り、神社に参拝して祈るあれですね、とウソを言って二人で朝早く出かけたんです。ところが夕方になってもなかなか帰って来ないので、家中のものが心配して大変でした。石井の町で、どんな本を買ったのかはもう忘れてしまいました。とにかくそれぐらい本好きでしたが、字の読めない人が多かった中で、英の家には本がぎっしり詰まった本棚がありました。そういう環境の中で育ったんですね。英は。

小学校のときの成績は抜群で首席で卒業しています。当時の先生より優れていた面もあったようです。でも、それをひけらかすというようなところは、ぜんぜんありませんでした。

英は、小学校のころから自分はいずれ東京に出るんだと言っていたことが忘れられません」

石井の町は、徳島市の西でJR徳島線で徳島駅から五つ目が石井駅、英三郎少年らが行ったのは、現在の駅近くではなかっただろうか。西森さんや下窪さんらに訊くと、江田からだと往復でほぼ四〇キロ近くあり、峠越えもしなければならないので、間違いなく一日がかりだった。それでも英三郎少年は本を欲した。

高木の語りからすると、森長の家は父の早世で楽ではなかっただろうが、後年の森長が口癖のように言っていた「貧しかった」は、それほどでもなかったようにも思える。それでも実際に生活していた英三郎少年にはそうではなかったのだろう。

高木の「思い出メモ」は森長の青年期にも触れてあるが、あとでもう一度読んでみる。

英三郎が高等科を終えたのは一九二〇年である。その後についてはほんの少しだが、彼が一九五八年七月に郷土誌『徳島』に寄せたエッセイ「遠くにありて思うこと」で語っている。

「上分上山尋常高等小学校に八年間学び、それから二年間農業ののち、叔父の援助を得て鮎喰にある県立農学校に三年を学び、さらに一年間農業、これが私の徳島県における経歴である」

県立農学校とは一九〇三年創立の徳島県立農業学校（徳農。現・県立城西《じょうせい》高校）である。英三郎は高等科を出て、夢を抱いただろう東京には行けず、家を手伝わねばならなかった。森長のところは山が多かったから、大半が山仕事だったろうと下窪さんらはいう。向学心が図抜けて高く、すぐにでも上の学校へ行きたかったにちがいない英三郎には、農作業や山仕事の肉体労働は想像以上に辛かったろう。

英三郎は農業学校へ進学したかったのだろうか。長兄の益一郎が父の急死で中退したこともあって、兄の意思を継ぐように勧められたのだろうか。そのあたりの英三郎の思いは読み取れないが、徳農を卒業後に再び帰村し、一年間農作業に従事している。エッセイは徳島時代を回想してつづけている。

「その間平々凡々だが、なつかしい思い出よりも、かなしいようなさびしいような、またはずかしいような思い出のほうが多い。ことに父の死んだあとの農家の苦しかった思い出が多い。こういう過去は、東京におけるその後のかずかずの同様の思い出とともに忘れてしまおうと努力していたし、過去をふりかえらないことで歩んできた。私の母もその後死んだし、世話になった叔父も死んでしまった」

戦争を挟んで人生の転換点の五〇代に入って間もないころのエッセイは、どこか感傷的で哀調の響きもある。「大逆事件」の再審請求の幕が上がる寸前だった。エッセイにある「叔父」が彼の向学心を援け、徳農へ行かせたようで、母の弟さんだったのではないかと後日教えてくれたのは、英三郎の甥の基《はじめ》さんの連れ合いだった。

英三郎が徳農の農業科へ入学したのは一九二二年四月で、卒業は二五年三月である。林業科もあったが、彼は農業科を選択している。江田で農業を継いでいくつもりだったのか。江田から徳島市の鮎喰町の農学校へどうやって通学したのか。当時の中心地の川又から徳島へ一日三往復する五人乗りの乗合馬車が運行するようになったのは、地誌にしたがえば彼の入学した一九二二年ごろだが、農学校のある鮎喰と徳島市とでは離れすぎている。経済的にも不可能だった。叔父の援助があったので、下宿したのだろうか。

森長の生家のあった江田の周辺を歩いてから約一カ月後に、徳島駅からバスで三〇分ほどの元徳農の城西高校を訪ねた。同校には徳農の七〇年史、九〇年史、一〇〇年史があり、創立一〇〇年に際して出来た記念館「耕心館」に年表が掲示されていた。年史と年表を見ながら学校の事務長の話を合わせると、徳農は日露戦争のはじまった一九〇四年四月に第一回の生徒を募集している。県内の農家の長男が六六人応募し四〇人が合格した。通学できない生徒のために民家を借りて寄宿舎代わりにした。英三郎の入学したころには校内に木造二階建ての寄宿舎が完成している。彼は三年間、寄宿舎生活で学んだはずだ。七〇年史にはたまたま彼が入学したころの寄宿舎の写真が掲載されてあった。キャプションには「青春の夢が結ばれた寄宿舎」とある。

英三郎はどんな青春の夢を結んだのだろう。

「耕心館」には森長が著した『新編史談裁判』全四巻、『足尾鉱毒事件』『日本弁護士列伝』、それに『禄亭大石誠之助』が「本校卒業生著作物」の大きくはない書棚を埋めていた。「ご遺族から寄贈して頂きました」。わたしが期待したのは、徳農時代の一〇代後半の彼の風姿を伝えてくれるような写真だった。森長が在学中のころから卒業アルバムを作成していたと聞いていたので、きっとあるだろうと。「徳農は徳島空襲も免れたのですが、なぜか卒業生の記録などは写真を含めて何も残されていないのです。卒業アルバムもありません」。事務長の申し訳なさそうなことばに、わたしはがっかりしてしばらく黙っていた。

もう一つ期待したのは、同窓会雑誌への森長の原稿だった。『徳農同窓会だより』第二号(一九五八年二月二五日)に彼は「東京だより」を寄稿している。在京の徳農時代の教員や同窓生の生活ぶりなどを伝える報告で、それには一〇人を下らない名前が登場し、森長は思った以上に東京で同郷人と交流していた様子がうかがえる。

畜産の教員だった「船田先生」は、中野区の昭和通りで悠々と家畜医院を開いていて徳農関係者が東京へ来たら必ず訪れるところで、自分も農業に打ちこんでおけばよかったと書く。「家畜病院でも開いておれば、今のように、やれ法廷だ、やれ研究だ、やれ原稿だと、二六時中忙しくて、しかも食えないまわり合わせにもなるまいと思うのだが、もう後悔しても一寸おそい」。弁護士稼業二〇年以上してからで、むしろ自身の生きぶりを愉しんでいるようでさえある。

農業教員養成所の主任教授で肥料の講義を受けた荒善五郎の息子が、そのころ論壇で活躍していた荒正人の父だというエピソードにも触れている。森長はとくに哲学と文学の二人の先生の名を挙げて、同人誌を作るなど大きな影響を受け、両先生に出会わなかったら、東京には出ずに「郷土建設のために働いていた」と書く。本心というより、二人の先生への感謝だろう。

森長の徳農時代は、「大正デモクラシー」の空気が阿波にも流れこみ、校内は自由で知的な雰囲気に溢れていたようだ。「東京だより」を読むかぎり、在京の同窓生には広い意味で農業とまったく無縁の職業に就いている先輩、同輩、後輩はいない。弁護士になったのは森長だけだった。

彼は『同窓会だより』にほかにも何か書いているのではないか。城西高校の事務長は気を利かして、同窓会担当の教員に調べるよう頼んでくれた。結果はゼロだった。「東京だより」には実は末尾に「以下次号」とあったのだが、次号にも森長の寄稿はなかった。おそらく再審請求が動き出しており、速筆の森長もさすがにペンを執る時間がなかったのだろう。

わたしは森長の生まれ育った江田と農学校についてもう少し「感じたい」と、徳島市内のケアハウスに入所している江田出身の西森重雄さんを訪ねた。一九二七年一二月生まれで、英三郎より二一歳離れているが、徳農の後輩である。

江田は、わしらが子どものころと風景は一緒やな。山林と棚田。私んとこと森長さんとこころとは近い。それでも一〇〇メートルは離れてるな。江田は聞いてると思うけど、上山の中では耕地は一番広かったが、それでも食うてはいけん。貧しい村やった。兵隊養成するには、貧しさは必要やったんや。貧しい農家は次男、三男を兵隊に出せば、食うていけるからな。

戦後は砂防ダムの堰堤《えんてい》工事なんかの日雇い労働がたくさんあったからまだよかったが、もともと貧しい村やから。農業というても、実際は山仕事が中心やった。農業は一年ごとの勝負やけど、山林業は三代かけてようやく食べられる息の長い仕事。私は樵《きこり》を雇うて、伐り出した木を森林組合を通して市場に出す森林経営をしていた。

徳農へ入ったのは昭和一五年、日中戦争の最中でした。私らのころは五年制で寄宿舎に五年でした。一、二年生のころは上級生にずっと殴られっぱなしやった。舎監も認めているんやから。ひどかった。昭和二〇年の一二月に召集される予定になっていて覚悟していたが、降参したから戦争に行かずに済んだ。口には出せんかったが、ほんまに嬉しかったなあ。本人よりも親のほうが嬉しかったと思う。卒業が戦争の終わった年で、寄宿舎の窓から見える故郷の焼山寺山《しょうさんじさん》を見ては、毎日涙が出てなあ。遠いからよう見える。あんな山奥には戻りたくない、いややった。

戦争の真っただ中で学校生活を送った西森重雄さんの時代は、森長のころとちがって徳農にも戦争と一体になった暴力の空気が支配していたようだ。西森さんが遠望して涙を流した焼山寺山は、江田の北方にそびえる標高九三八メートルの高い山で、当時は徳農の寄宿舎からよく見えた。森長より二一年後でも江田のイメージは背を向けたくなるような故郷だった。

森長さんのことはよう聞いている。わしは、英三郎さんのお兄さんの益一郎さんの息子の基さん、英三郎さんの甥と同い年で友だちや。そんでも英三郎さんと直接話したことはない。森長さんは本好きで有名やった。徳農を出て、いっぺん江田へ戻って、それで山林労働してお金貯めて、東京へ出て、苦学して明治へ行って、弁護士になった。あの時代に江田から東京へ出ていくような人はほとんどいなかった。ニューヨークやロンドンへ行くより遠い、そんな感じやった。だいたい森長の家は人物が出るんです。頭が良いとかというのではなく、人間的に優れているという意味です。

江田はそこで生まれ育った人にとっては、西森さんが今でも話すように愛郷心はあっても、生活していくには魅力のある場ではなかったのだろう。森長が苦学して弁護士になった話は代を越えて語り伝えられていた。徳農を終えて帰郷して一年農林業で汗を流したのは、基さんの連れ合いも聞いているように「東京へ行くお金を貯めるために働いた」というとおりだろう。そうであっても森長は、二〇歳までは農業と林業の土にまみれた現場で生活した。土と厳しい自然、そして労働によって、辛抱強さ、粘り、したたかさが身体の中に地下水のように染みこみ、寡黙な森長英三郎の生き方の世界を作っていった。

それだけではない。徳農での学生生活は江田の土の世界では味わえない、読書好きの森長の知性を育んだ。後年彼の生きる世界とは異質に思える農業学校に、「大逆事件」前後の「冬の時代」から少し自由の風が吹きこむようになった一九二〇年代に三年間在籍したことは、若き森長にはかなり大きかったにちがいない。「東京だより」からはそんなことを想わせ、身体に沁みた土とインテリジェンスの二つの要素がブレンドされ、それが森長の源流になったのではないか。わたしはそんな想像をふくらませる。そこに重ねられたのが東京時代の体験と時代経験だった――。

森長は多くの著書の奥付ではほとんど学歴などを記していないが、前に触れた正木ひろしの『冤罪の証明』の解説の末尾で、そうだったのかと思える自己紹介をさらっと書いている。「一九〇六年、四国の山村の貧農の家に生る。上京して某ミッションスクール英文科に入学したが一年足らずで除籍となる」。森長がミッションスクールに？　実は、それが明治学院高等部英文科だったことが別の記録でわかった。入学年次はわからないが、一九二七年中退と記されてある。

「いつだったか忘れましたが、ちらっとそんなことを聞いたことがあります。授業が英語ばっかりで、さっぱりわからなかったので、やめたって」。桂子さんの切れ切れの記憶である。縁者らの間で語り伝えられている「明治に入って苦学して」は、明治学院のことだった。

森長が東京へ出たのはおそらく一九二六年春だろう。治安維持法が制定された翌年である。最初に治安維持法が適用されたのは「京都学連事件」で、二七年に同法違反の有罪判決が出ている。東京渡辺銀行などで取付け騒ぎが起き、中小銀行へ波及していく金融恐慌が起こったのは二七年三月である。五月には第一次山東出兵で帝国日本の軍事的膨張がはじまり、労働運動が各地で活発になり、不況と戦争への時代がはじまっていた。自由の風は止んで、再び「冬の時代」が頭をもたげるようになった。森長の東京行はその真っただ中だった。

幼なじみの高木が桂子さんに語ったメモの中には、東京から戻って来たころのことが断片的ながら記されてある。それは深刻な中身だった。

「東京から英が戻ってきたときの彼は痩せこけ、ひどくやつれていた。それを見た英の義姉がしばらく身体を休めるように勧めたことがありました。どれぐらい休んだかはわかりませんが、英は再び東京へ行きました。英は作家になるのが夢というか、希望だったのですが、東京で世話になったホンジョウという、親戚に当たる弁護士から、弁護士になることを勧められたようです」

幼なじみの高木のいう「痩せこけ、ひどくやつれて」、森長が帰郷したのは明治学院を中退し、生きるために「放浪」した果てだったのかもしれない。高木の回想は「昭和恐慌」のころ「ぐれて」山谷、浅草あたりを放浪していたという後年の森長の語りと重なり、明治学院中退後の東京生活は辛酸を嘗める体験をいっぱいしたのだろう。人間の持つ醜悪な面もたくさん見てきたにちがいない。具体的には何一つ、誰にも語っていないし、どこにも書いていないが、ヤバいことも体験したかもしれない。奥深い山間の江田で貧しさに堪えて、土とともに生き、徳農で得た知性に、大都会の東京での具体的には語れないほどの辛く、理不尽な体験が青年森長の中に積み重ねられていった。正木の『冤罪の証明』の解説につけられた自己のプロフィールには、「浅草山谷方面で最底辺の放浪生活をする。放浪中マルクスからカブキまでの雑学を学ぶ」とある。

「学校のそとで、ひとの心の動きをつぶさに学ぶことができました」と『史談裁判』の「後記」に書くほどの自信は、苦しい中での体験と時代経験から生まれた、とわたしは思う。五〇代以上の森長の写真は、ゆったりした朴訥な雰囲気に土の匂いと、包みこまれるような温もりのある感じが漂っている。それは長い弁護士体験と年齢からくる落ち着きだけでなく、知に鍛えられた風丰《ふうぼう》と言っていい要素が加わっていると見えてきたのは、彼の幼少のころから歩んできた歴史を知るようになったからかもしれない。

「むかしこの辺を荷車引いて歩いたことがあったよ」。五〇年代初めのレッドパージ関係の私鉄労組事件で一緒に担当した労働弁護士の佐伯静治が、墨田区の業平橋《なりひらばし》付近を歩いていたときに、森長がぽつんとつぶやいた話を追悼記の中で触れているが、それは明治学院以後だったのだろう。桂子さんの聞いた「社会鍋の世話になった」話もそのころのことだったと思われる。

二度目の東京生活がいつごろからだったのか、親戚にあたる「ホンジョウ」という弁護士が誰なのか桂子さんは「さあ」と首をひねる。「作家志望」については、森長はどこにも明かしていないし、家族も聞いていない。幼いころからの友だった高木が聞いている夢は、夢でしかなかったのか。その夢を捨てて弁護士になるために、再度の東京行きだったのだろうか。

「遠い親せきに弁護士がいてね、お前も弁護士になるんなら学費を出してやろうといわれたんだが、法律なんてまっぴらだと田舎をとびだして」

東武交通労組の機関誌のインタビュー(一九五九年四月)でこう話しているから、親戚に弁護士がいたことはまちがいないだろう。法律が嫌いで親戚の弁護士の申し出を蹴ったというのが本当なら、二度目の東京行でも「夢」は捨てていなかったのか。

森長はなぜ嫌いな法律を使わねばならない弁護士に向かったのだろう。「放浪していた私は、背広を着て働く人間になろうと、心機一転、砂をかむような思いで」猛勉強をしたと『司法の窓』(第五五号)に書いているが、これではよくわからない。『法学セミナー』で「史談裁判」を担当した日本評論社現会長の大石進さんも「さあ、聞いていません。なぜ嫌いな法律だったのでしょうか」。

放浪時代に、戦争と不況を抱えた資本主義社会がつくり出す不条理と理不尽さにあえぐ、自身も含めた底辺に生きる人びとや出来事に出会ったことが、それらを解決し救う手立てとして、森長を法の世界へと向かわせたという不確かな想像もできるのだが。

森長はやつれて帰郷して、ほとんど一年も経たずに二度目の東京行を敢行し、弁護士を目指して日本大学専門部法律科に入学した。「入学試験の面接時に、弁護士はとても難しいからやめたほうがいいと説得されたと、あるとき父が言ったことを思い出しました。これお話ししませんでしたかしら」。桂子さんが思いだしたように話したことから、森長はたしかに弁護士を目指して日大へ入学したことがわかった。入試担当者のことばは、弁護士試験は難関だと説得したのだが、それぐらいで森長英三郎は引き下がりはしなかった。東武交通労組のインタビューで、法律なんかまっぴらと言ったのは、森長の性格からすると衒《てら》いを抑えた表現だったのだろう。

戦前からの自由法曹団のメンバーで、多くの治安維持法事件の弁護士をつとめ、自身も検挙され、有罪判決を受けて弁護士資格を停止されたこともある梨木作次郎が、実は森長と日大の同窓だった。戦後、森長が中心となって取り組んだ「大逆事件」の初期の「復権」運動や「プラカード事件」でも梨木の名が見える。梨木が日大専門部法科で森長と同窓だったと知ったのは、桂子さんから送られた『大原社会問題研究所雑誌』第五一九号に掲載されていた梨木の証言記録によってだった。

同誌の梨木プロフィールによると、彼は一九〇七年の石川県生まれだから森長より一歳下になるが、日大専門部法科には二五年春に入学、二八年の卒業である。梨木は証言記録の中で「学年では私が一年先輩」と語っている。すると森長の卒業年は二九年になるが、彼の正確な経歴では卒業は一九三二年三月である。梨木の記憶が正確なら森長は日大には三年以上在籍していたことになるが、高木の回想や明治学院の中退が二七年だったこと、また森長の記した正確な卒業年次などを総合すると、どこかで思いちがいか、記憶に混乱があるのかもしれない。

梨木も新聞配達などをしながらの苦学生だったが、森長から大学入学前に浅草、山谷での放浪・飢餓の生活ぶりを聞き、森長の苦労が並大抵ではなかったことを知ったと語っている。梨木は一九三〇年に司法試験にパスし、翌年東京弁護士会に登録しているが、「森長さんが弁護士となったのは、確か私より三、四年ぐらい遅かった」。

森長が日大で苦学しながら弁護士を目指して勉強していた当時の帝国日本は、軍部が主導する天皇制ファシズムの時代へと暴走をはじめていた。一九三一年九月に帝国日本は中国東北部満州を軍事侵略し、翌三二年一月に上海事変を起こし、三月には傀儡国家「満州国」を建国する。森長はその直後に日大を卒業した。その二カ月後の「五・一五事件」で、森長が徳農時代に身に着けただろう「大正デモクラシー」がもたらしたリベラリズムはファシズムに押しつぶされてしまう。ヨーロッパでは三三年一月にヒトラーが政権を握り、日本国内では治安維持法の弾圧の嵐の中で二月二〇日に小林多喜二が特高警察に虐殺された。二〇代初めから半ばにさしかかった森長は、リベラリズムがファシズムに食いちぎられていく生々しい、ただならない様を東京で見聞し、肌で知った中で弁護士に向かった。

桂子さんに徳農時代を含めて森長の青壮年時代の写真を探してもらったが、一枚も発見できなかった。「森長資料」にはスナップなど多くの写真はあるが、どれも五〇代から上である。

「こんな写真が出てきました。二〇代じゃないでしょうか」。東京から遠く離れたある町に住む桂子さんを何度目かに訪ねたときに差し出された写真は、たしかに二〇代の英三郎だった(本章扉写真)。夏の写真だ。やっと見つかったとわたしは二〇代の若者の英三郎の顔を凝視しつづけた。熱いものを感じさせる、いい写真だ。苦学しながら司法試験を目指していたころだろう。しかとは見えないが、半袖シャツの左胸のポケットに突っこんでいる筆記具と手帳。遠くを見晴かすような目がいい。桂子さんは「弁護士になってからではないでしょうか」と、写真をしげしげと見つめながら推測するが、わたしは司法試験に挑戦しているころではないかと思うのだが。

森長英三郎が高等試験司法科試験にパスしたのは、一九三五年一一月である。

「合格証書　森長英三郎

高等試験司法科試験ニ合格シタリ　仍《ヨッ》テ茲ニ之ヲ証ス
昭和十年十一月六日
高等試験委員長正四位勲二等金森徳次郎」

当時、間借りしていた浅草区山谷四丁目(現・台東区浅草)に東京地方裁判所検事局から弁護士登録通知が届いたのは、約二カ月後の一九三六年一月三一日である。東京弁護士会に入会が認められたのはその半年後の六月二七日だった。森長英三郎弁護士は自由主義がほとんど死に絶えるような時代に登場したのである。

森長が二度目の東京生活をはじめたころにどこで暮らしていたのかはわからないが、日大卒業後から司法試験に合格するまでの生活拠点は自筆のメモが「森長資料」にあった。それをみると、何度も転居をくり返している。日大専門部卒業以後の住所を転記すると、こんなふうである。

・三二年九月五日　東京市外池上町市野倉
・三三年一二月一三日　深川区木場へ転居
・三四年一二月　下谷区入谷町へ転居(転居日不明)
・三五年九月二一日　深川区牡丹町へ転居　その日に筆記試験の合格通知を受け取る。
・三五年九月二六日　浅草区山谷へ転居　合格通知を受け取る。
・三六年五月二六日　小石川区音羽町四丁目に転居

音羽でようやく落ち着く。それにはわけがあった。

森長が弁護士になった当時の弁護士業界には、政治的にも経済的にも冷たい風が吹き荒れていた。

「森長さんが弁護士になった時代は、大変でした」。戦前戦後の弁護士や弁護士会の歴史を調査し、二〇一四年に『私たちはこれから何をすべきなのか　未来の弁護士像』を著した金子武嗣弁護士に話を聞いた。

「一八九三年に制定された弁護士法が一九三三年に改正され、それが施行されたのはちょうど森長さんが弁護士になった直後で、三六年四月からです。これによって司法試験の合格者は弁護士にかぎって一年半の研修が義務づけられました。ただその間、無給だったので問題になりましたが、森長さんは施行前の一月の登録ですから、それまでどおり試験にパスしただけで弁護士として活動できました。この法改正で画期的だったのは、女性が初めて弁護士として活動できるようになったことです。もう一つはそれまで弁護士会は検事正が監督していたのですが、司法大臣に変更されたことです」

森長宛ての弁護士登録通知の差出人が検事局からだったのはそのためである。

「森長さんが大変な時代に弁護士になったというのは、一つは弁護士の大量増員です。一九二三年の法改正によって弁護士が一気に増えていきます。一九一二年までは全国の弁護士数は二〇〇〇人前後でしたが、二〇年後の三三年にはその三倍以上の約七〇〇〇人にもなってしまったのです。それからは少しずつ減っていきますが、森長さんが活動をはじめた三六年でも六〇〇〇人弱です。さらに昭和恐慌による大不況によって弁護士の窮乏化がはじまっていました。加えて戦時体制の強化で弁護士会もその流れに飲みこまれていきます。それでも日中戦争開始から一年後ぐらいまでは弁護士も戦争反対の意見を言えましたが、「弁護士は生業につけ」と言われ、あとは戦争協力へと向かい、四一年一二月のアジア・太平洋戦争以降は大日本弁護士報国会まで設立され、戦争協力体制に組みこまれていきます。森長さんは、経済的不況と戦争体制というすさまじい時代背景の中で弁護士になったのです」

森長が厳しい時代を知らずに弁護士を選択したとは思えないが、職業的に食べていけるかどうかの実体まではわかっていたかどうか。

「森長資料」に、大阪の帝塚山《てづかやま》学院初代院長の庄野貞一の書簡などの入った茶封筒がある。中に帝塚山学院編『庄野貞一先生追想録』の一部と「庄野先生の年譜」のコピーがあり、年譜の右上に「英三郎恩師」と森長のペンで注が記入されてある。わたしには、森長と庄野とは結びつかなかったが、年譜を見てそうだったのかと気づいたのは、庄野は森長と同郷で徳島県名西郡上分上山村の江田生まれだった。江田の生んだ俊英で徳島県立師範学校卒、二〇歳のときにその才を見こまれて庄野家の養子になっている。同じ江田生まれとはいえ、庄野は森長より一九歳も年長である。森長の他の書き物の中に庄野の名は出てこないので接点はつかめないが、森長はわざわざ「恩師」と注書きしている。

「庄野先生のお手紙は自宅の小さな金庫に収めてありました」。桂子さんのことばに、胸の裡でうむと思ったが、彼女も父と庄野の関係については知らなかった。わたしの抱く疑問に少し応えてくれたのは、森長の兄・益一郎の長男の基さんの連れだった。「昔は、成功した人が同じところから出た有望な後輩を育てるのにいろいろ援助するのは当たり前でしたから」。

　残されてある庄野からの四通の書簡に目を通すと、森長は司法科試験の筆記試験に合格してすぐに、郷土の大先輩に相談していたことがわかる。相談の内容は、弁護士になったら独立開業がいいのか、どこかの事務所に入ったほうがいいのかだったようだ。庄野は「小生の意見としては東京の一流の弁護士の事務所に御勤めになるほうがよろしき」「開業は急ぐ必要は」なく、「今少し世間にも馴れ、事件にも馴れ、顔も広くなった上、開業がよろしいのでは」と適切なアドバイスをしている。森長はこのまま東京でやったほうがいいのか、大阪や徳島に居を移すというのはどうかという相談もしたらしく、庄野はそのまま東京でやったほうがいいと勧めている。

森長が「恩師」のアドバイスなどをどう受け止めたかわからないが、開業か「一流の弁護士」事務所に入るのがいいのかかなり迷っていたようで、著名な弁護士の鈴木義男に事務所で採用してほしいと、「就活」をしている。森長の歩んできた道に照らすと東京帝大卒で大学教授を歴任してきた鈴木を訪ねたのはやや不思議に思えたが、「恩師」の示唆が影響していたのかもしれない。

森長が鈴木に再三、電話や書簡で時間を取ってほしいと頼んでいた様子をうかがわせる鈴木の書簡が残されてある。森長は鈴木宛ての紹介状を、プロレタリア作家として当時知られていた貴司山治《やまじ》に書いてもらっている。貴司は徳島県鳴門の出身で森長と同じころに東京に出て、小説を書きはじめた。ここからはわたしの推測だが、森長は作家になる希望を持って東京に出て、同郷で同じ夢を見ていた貴司と知り合い懇意になったのではないか。貴司の紹介状は残っていないが、森長との交流は「大逆事件」の再審請求以後、貴司が一九七三年に亡くなるまでつづいている。

後年「大逆事件」の再審請求の主任弁護人に依頼される鈴木が、森長に宛てた初めての書簡は一九三五年一二月五日付である。森長が司法科試験に合格した直後で、浅草区山谷に住んでいたころだ。

「拝啓

度々御電話これあり候ところ、あいにく小生多忙にてご拝眉の栄を得ず、失礼かつ遺憾に奉り存じ候。貴司兄よりもご書面まさに戴きおり申し候。ご来意了承仕り候。若き弁護士のご指導申上げ候には、小生適当の地位にはあり申さず。既に三人の弁護士一人の前判事、三人の書生をお引き受け致しおり、生活戦線に疲れ仕り候。これ以上収容能力なきを遺憾といたし候。

他の方面に心がけ申すべき候も弁護士界不況の折からにて〔五字判読不能〕案じ候。精々問い合わせすべく申し候〔後略〕」（山泉進さんの所蔵書簡より）

文面は、貴司の紹介状は届いているが、弁護士業界の不況で、とても事務所採用は難しい。他に当たってみるが難しいだろうというニュアンスが伝わってくる。一度も会ったことのない、新人の森長に、キャリアのある弁護士の鈴木はとても誠実に対応している。森長はどうしたか。人生の一つの分岐点にかかわる個人史の一コマを、森長には珍しく半世紀近く後に東京司法書士会の雑誌『司法の窓』（第五五号）の「私と布施辰治」で回想している。その中で彼は、司法科試験合格は「まぐれあたり」と謙遜し、「浮浪人あがりの私は、正直にいって途方に暮れた」。そこで「旧知の」作家・貴司山治の紹介状を持って鈴木を訪ねた。

「鈴木氏は、五年以上つきあってその人をみていないものは信用しないことにしていると言って、事務所入りをことわられた」

鈴木の手紙と少し異同はあるが、事務所入りを断られた結果にはちがいはない。「五年以上云々」は、その後の鈴木の書簡を読むと、入所断りの際ではなく、別の場面だったと思われる。森長はしかし、「鈴木氏からは公私ともたいへんお世話になったので、私にとっては恩義のある先生であるが、そのときは、どこの馬の骨かわからない私を信用してくれないのも、当然であると思えた」とフォローしているが、鈴木は実際その後も丁寧に森長に対応している。

『司法の窓』の回想では、鈴木へ「就活」と同時に布施辰治の自宅を訪ねたと書いている。実際は、森長が布施宅へ行ったのは、鈴木に断られた後だったようだ。鈴木と布施辰治はまったくタイプの異なる弁護士で、森長は飛びこみで布施にアタックした。この訪問によって森長の人生の舞台がくるりと回った。

弁護士・布施の名前は、子どものころから「文化果てる僻遠の地の寒村にいて、大阪からくる新聞でみていたのであろうか」、知っていたと森長はいう。浅草あたりで布施の演説を聞いた憶えもあった。そのころ布施は治安維持法違反で弾圧された日本労農弁護士団事件の被告人で、懲戒裁判で所属していた東京弁護士会を除名され、東京では弁護士活動が出来ない身(布施は仙台弁護士会に入会し、そこでは活動ができた)で、早稲田大学の西の戸塚町に引っ越していた。森長は、誰の紹介状もなくいきなり布施を訪ねたときのどぎまぎした様子などを「私と布施辰治」で記している。

「狭い石段を二〇ぐらい上がったところに玄関のある大きくない家であった。

面会してくれるかどうかと、おそるおそるいったのであるが、快くあってくれた。いや歓迎されたというほうがあたっていたかもしれない。お茶を持って出てきた布施夫人は、主人はえらいお灸をすえられていった(東京弁護士会からの除名のこと?)。石段の左側に別棟の二階家があり、幾人もの学生が下宿していた。夫人は下宿人をおいて、失職した夫にかわって生活費をかせいでいたのである。

布施さんは私に、判事になって田舎の区裁判所判事にでもなるならば、まだ良心的な裁判ができるだろうといわれたが、私にはその考えはない。弁護士になるならば最初から独立してやれといわれた。イソ弁になると、ある年齢がきて独立しようとしても、前途不安で独立しにくいものだ。独立してやるなら家庭を持たないと人は信用してくれない」

布施は宮城県蛇田《へびた》村(現・石巻市)出身で一八八〇年の生まれだから、森長より二六歳も上の迫力に満ちた弁護士で、かなり緊張しての訪問だった。森長は布施の話を聞いて、その場で開業を決意したようだ。「恩師」の庄野は勧めなかったが、布施の話はよほど説得力があったのだ。独立開業への布施の支援示唆もあったかもしれない。このあとは森長が驚くようなすごいテンポで、ドラマのごとく展開をしていく。

布施宅にはそのころ、数人の書生がいた。行儀見習いもかねた女性もいた。布施夫人は中の一人で、浜松出身で洋裁学校に通っていた当時二〇歳の高林そのを森長に引き合わせ、結婚を勧めた。布施夫人は無類の世話好きだったが、森長がそのにぴったりだと決めこんだのだろう、いやその逆かもしれないが、森長がまごまごしている間にどんどん事を進めて、音羽通りに借家を見つけ、そこへ布施家の古い家具を運びこみ、結婚式まで準備したのである。森長には信じがたく、予想もしない展開だった。

そのはといえば、すでに銀座の洋装店に就職が決まっていた。後年、桂子さんが母から聞いた話だが、布施夫人はおかまいなしに進めたようだ。桂子さんは、母が森長青年との結婚をどう思ったかは聞き漏らした。

「私についてなにも知らないのに、どうしてこんなに親切にしてくれるのだろうとかと、不安になったが、私はその親切にあまえた」と森長は回想しているが、事態はついには結婚式まで進んだ。一文なしだった森長には、そんな費用は逆立ちしても出てこないが、すべて布施夫妻が進め、彼はその言いなりになった。

式は日比谷公会堂の地下のレストランで行われた。式には、布施夫妻はもちろん、鈴木弁護士も出席し、つながりが深くなっていたことがわかる。そののほうからは通っていた洋裁学校の院長らが参列した。

鈴木は森長に対して、そのころ作家の広津和郎が新聞に連載していた小説の題名を引いて「前途は、風雨強かるべし」ということばを贈った。広津が『報知新聞』に「風雨強かるべし」を連載したのは一九三三年八月一二日から三四年三月一七日までである。治安当局から一五項目の禁止事項をつけられた中での連載は、まもなく改造社から単行本化され、森長が弁護士になった三六年の一一月に三笠書房から再び出版されている。プロレタリア文学がほとんど壊滅し、治安維持法によって左翼思想が弾圧された時代の青年の情熱を描いた作品で、鈴木は若い弁護士の森長に困難な時代の覚悟を伝えたのであろう。

結婚式に出席した鈴木は、開業と結婚の祝い金も贈っており、後輩に細やかな心遣いをしている。鈴木の思いやりは後年、具体的な訴訟事件にも現れる。

結婚式での様子についても森長は、苦笑しつつ述懐している。「食事は一品料理、お色直しもなく、ケーキ切りもない簡素なものであった。私側から列席してくれたある夫人があとで、あんな貧弱な結婚式はみたことがないと、悪口をいって歩いているという話を聞いたが、そのとおりであろう」。

森長が結婚までのことを含めたいきさつを明かしたのは、布施も鈴木もとうに去っていた一九八〇年である。

布施宅訪問から独立開業と結婚まで同時に、一気に行ってしまったのは森長の人生にとって大きな「事件」だった。布施は初対面で森長を見こんだのだ。「布施辰治は私の先生である。偶然弁護士の資格はえたが、どうしようかと迷っているときに、布施が私に助言し指導してくれた」(「私の蔵書から　布施辰治の本」)と『図書新聞』(一九七八年九月一六日付)に書いているように、森長にとって布施は「師」であった。飛びこみで行った布施との出会いは、「必然の出会い」のように弁護士・森長をつくっていった。『史談裁判』全四巻で取り上げている事件で布施に触れている個所はとても多い。いたるところに布施が登場する。

「闘う布施弁護士」の生きぶりを伝えようとした森長の「師」への感謝の思いがあったのだろう。

布施は森長が独立した一九三六年初夏に「真摯公正」ということばを贈っている。人として、弁護士としてかく生きよというわけであったろう。

「布施宅は毎朝六時にカギを開け、誰もが入れるようにしていました。困った人がいつ来ても入れるように。一度も面会謝絶をしたことがないでしょう。そういう人でした。ですから森長さんが飛びこみで来てもすーっと受け入れて、しかも森長さんを見てこれはと思ったのは間違いないでしょう。布施も農民でしたから、森長さんとどこか通じるところ、響き合うようなものを感じたのではないでしょうか」。布施の孫の大石進さんはそう言って、「実は、私の生まれたときに、あなたは森長夫人に産湯を使ってもらったのよと、母から聞かされました」という温かいエピソードも紹介するのだった。

「浜松の呉服屋の娘だった母は「これからは洋服の時代」と言って、東京の洋裁学校で学んでいました。その途中で、実家の商売が不振に陥り、どういう縁かわからないのですが、布施家から洋裁学校へ通っていたようです」

桂子さんが母から聞いた話である。転居をくり返していた森長が音羽に落ち着き、自宅兼弁護士事務所を開設したのは布施夫妻の「指導よろしく」だった。「二・二六事件」が起き、帝国日本が中国への武力侵略を一気に拡大していく日中戦争の前夜、一九三七年二月だった。森長は三一歳になっていた。

「父と母の結婚写真です」。桂子さんがアルバムから取り出した結婚の記念写真は、そのは花嫁の正装スタイルで、森長は紋付袴姿だった。わたしの中にふっと八王子霊園の「森長墓」が浮かんだが、このころは彼も故習に倣わざるを得なかったのかもしれない。桂子さんはアルバムからもう一枚の写真を取り出し

森長とそのとの結婚記念写真(渋谷桂子さん提供)

た。長男が生まれ、郷里の江田から新婚家庭を訪れた母のシマと一緒に撮った家族写真である。二枚の写真からは、それまでの森長の苦労の影は見え難い。幸せそうでさえあるが、森長は開業や新婚に浮かれていたわけではなかった。弁護士・森長は登場したときから厳しい時代に立ち向かってペンを執り、果敢に書きはじめていたのである。

弁護士登録直後、森長は開業に踏み切る前の一九三六年二月二三日の『法律新聞』に「弁護士の危機」を寄稿している。国体思想が横溢し、自由主義の圧迫が日ごとに露わになってきた時代で、弁護士の生活も活動も危機に瀕していた。四〇〇〇字詰め原稿用紙一〇枚超えの、危機の時代を見すえた新人弁護士・森長の剛《つよ》い文章の要旨を追う。

弁護士は個人の自由と私有財産の保護のために生まれた。それは西欧と日本の歴史的経緯を知れば明らかだ。だから弁護士は、本来的に自由主義的な性質を持っている。弁護士はまた、仕事面でも自由主義的な活動をするのが使命である。自由主義は弁護士にとって生命であるが、それが近年危機に瀕している。「数年前のいわゆる〇〇事件」で自由主義が一つの危機に直面し、昨年は「〇〇〇〇〇の問題」で自由主義の最後の堰は切り崩された。社会主義者の自由獲得運動は古くから弾圧されてきたが、自由主義者への排撃は初めてで、これは資本主義が自由主義を許容する「寛容さを持ち合わせなくなったため」である。自由主義者への排撃は、自由主義的活動が生命であり、国家機関の検事と対立する弁護士への排撃となって現れる。すでに弁護士の生活権の圧迫や地位が脅かされる状態が起こっている。弁護士への圧迫は法治主義の放棄で、裁判所は「形式上法律を適用するに過ぎない残骸と化し」ている。弁護士の地位を圧迫することは、弁護士にとって死活問題であるだけでなく、一般国民にとっても重大な問題だ。とくに一度も完全なる自由主義を獲得したことのないこの国においては、この状況を重視しなければならない。（伏字の前者は「滝川」、後者は「天皇機関説」であろう）

生まれたばかりの長男を抱く森長の母シマと妻そのと（渋谷桂子さん提供）

弁護士になったばかりの森長は治安維持法にひっかからないように、しかし資本主義への批判を忍ばせながら、弁護士の生命である自由主義が死にかけている現状に鋭く切りこんでいる。森長はさらに弁護士の生活権を圧迫している重大な問題として弁護士の扱う事件数の減少と原因を見つめ、先輩弁護士に危機感を訴える。

弁護士数の激増の影響が事件数の減少を招いているのは事実だが、それよりも調停裁判の激増のほうが重大である。借地借家調停件数、小作争議調停件数、金銭債務調停件数などはすさまじい勢いで激増し、弁護士を必要としない裁判がますます増えている。原告被告双方が法律によって自己の権利を擁護するために闘うことは、自由主義、個人主義、したがって資本主義にふさわしい裁判だが、調停裁判はそれを遠ざけ、結局法治主義の放棄になる。調停裁判の急増は弁護士の生活権を奪うだけでなく、弁護士の生命である自由主義の領域が狭められていくことになる。弁護士の必要性や重要性の低下は民事事件だけでなく、刑事事件にもその傾向が出てきている。こうした現象は、自由主義の領域が狭められていく現状と並行して起きている。

弁護士の本来的なあり方である自由主義が認められていない、イタリアのようなファシスト国家では、その活動が著しく制限されている。それだけでなくファシスト政府はいつでも気にいらない弁護士を簡単に放逐する権利を持っており、これは植民地流の政治である。現に植民地朝鮮では、弁護士の資格を持っている者の登録認可は朝鮮総督の自由裁量で、弁護士の懲戒による地位剝奪も裁判ではなく、朝鮮総督が専断的に出来るなどその地位はきわめて薄弱である。

弁護士は表面的な問題についてだけ騒いでいないで、自らの社会的基礎が揺らいでいることに関心を持つべきである。「大きな圧迫の波が、自由主義とともに弁護士の上に漸次迫りつつある」。

やっつけで書ける原稿ではない。少し煩瑣《はんさ》になるので文中では触れなかったが、データも十分に取り入れられて説得的である。弁護士になってすぐにこういう文章を書ける森長は、法律は嫌いだったのかもしれないが、三〇年代が苦境の時代にあることを覚悟して弁護士を選び取ったのではないか、と思える。森長の根っこに備わっていたのは、個を最も大切にする自由主義だということが、この文章から読み取れる。組織に恃《たの》まず、個を基本にじた自由主義は、彼の生涯を坤軸のように貫いてあることを思わせる。

森長が公に書いた初めての原稿「弁護士の危機」は、浩瀚な『評伝　布施辰治』を著した森正さんから教えられた。森長は『法律新聞』にはこの後にも何本ものさまざまな原稿を書いている。確認できただけでも、三六年三月から一〇月までに「選挙法改正問題」(上・下)、「賭博罪と法廷犯の観念」(上・下)、「威嚇の刑事裁判」(一・二)、「交通事故と刑事責任」(上・中・下)、「死刑雑感」(上・下)、「思想犯保護観察に就いて」(上・下)、三七年七月に「高等試験雑感」、三九年五月と九月に「法律事務取扱取締に関する解釈について」(一・二・三)、「訴状の口語化」と、専門的かつ実務的領域、法社会学的論文、体験的エッセイなど実に幅広い。弾圧される前に駆けこむように一気に書きまくった感さえある。

治安維持法に関連して三六年一一月に制定された思想犯保護観察法の公布施行直前に執筆した「思想犯保護観察に就いて」(上・下)には、とくにそれを感じるが、思想の自由を弾圧しつづけた治安維持法下の法の本質を見すえ、批判精神に満ちたきわめて鋭い論稿である。ここでも要旨をみておきたい。

この法律が刑余者の「保護」を唯一の使命にするなら、観察の字句は要らないはずだ。「観察」は監視に堕しやすい性質を持っているので、保護とは言えない。この法は思想犯の保護が目的ではなく、再犯防止という社会防衛を目的にしていることは政府答弁からも明らかで、適任の保護司が得られるかどうかの問題ではない。「制度そのものに」、保護の効果を「妨げるものが伏在」する。これまでも「警察の無理解な防犯的監視がいかに多くの前科者を苦しめてきたことか」。特高、警察防犯、憲兵に加えてこの思想犯保護観察法の制定でできる保護観察所の四重の監督を受けることになれば、「旧刑法上の監視刑以上であって、一種の獄外監獄ともなり、思想犯人をして刑罰を受ける以上の苦しみを味わわさないとも限らない」。

森長のこの論文が、治安維持法下で自由が制限されていた時代に書かれたことを考えれば、彼の勇気と抵抗の精神の勁《つよ》さを想う。治安維持法研究者の荻野富士夫さんは森長論文について「管見の限り、もっとも根本的な批判を展開したのは、弁護士の森長英三郎である。森長は、思想犯保護観察法を司法保護思想から生まれたという当局の説明を否定して、治安維持法の系譜上に捉える」と高く評価している（『治安維持法関係資料集』第四巻）。

ここでわたしは森長の浅草・山谷の放浪時代を想う。彼は「浮浪」時代に思想犯の刑余者だけでなく、一般刑事犯の刑余者らとも触れて、その実態を肌で感じてきたのではないか。だから権力の意図を見抜けたのではないかと。

鈴木や布施は、『法律新聞』に掲載された森長の文章に接し、深い思索と鋭い批判精神に一目置き、敬意さえ抱くようになったのではないか。布施の温かな「世話」も、鈴木の森長への真摯な対応にもそれを感じる。

森長は死刑制度についてどう考えていたか。「大逆事件」で一挙に一二人もが死刑にされたことと、死刑制度に否定的だった田中一雄の『死刑囚の記録』を読んだときから気になっていたが、『法律新聞』への寄稿「死刑雑感」(上・下)で森長は三〇年代にはすでに答えを出していた。

当時、死刑制度については死刑肯定派が多数派で、廃止論は少数派だった。森長はその理由を分析して、賛成派が多数なのは被害者や社会の復讐心の満足と死刑の抑止力効果への期待からだという。復讐心はしかし文化の遅れの象徴であり、原始的復讐心の観念による死刑の正当化は「不当なること明らか」と言い切る。死刑の威嚇効果については、すでに実証的に効果がないことは明らかになっていると述べる。

森長は国家が理性的であれば、「死刑の如き野蛮なる刑罰を科すること」はなくなるだろうが、それはデモクラシーの行き渡った国だろうと見る。だから、死刑制度は国家のあり方、性格、デモクラシーと密接につながっているという。

独裁的国家がしばしば政治犯に対して死刑を断行するのは、国家組織に反抗すればこうなることを国民に見せつけるため、つまり国家権力の威厳を保つためである。それはしかし国家への服従心を育てるのか、逆に反抗心を起こさせるかははなはだ疑問だと、森長は疑う。

これまでの死刑廃止論は、滝川幸辰らによって主張されてきたが、机上の空論で現実の死刑囚に即して語られてはいないと批判する。森長は、「いかなる犯罪に於いていかなる犯人に対して科されるかを具体的に見る」ことによって、死刑制度の是非を論じるべきだと主張する。皇室に対する罪、内乱罪、軍刑法上の罪、治安維持法上の罪などの「政治的犯罪」と、放火、殺人、強盗致死罪などの「強力犯罪」に分けて論じる。

「政治的犯罪」は根本的には国家のあり方にその犯罪の因があり、犯人は確信犯であるから、威嚇的効果はまったくない。死刑はむしろ逆効果でさえある。では「強力犯罪」についてはどうか。森長が一九三三年の死刑囚二八人を調べると、二六人が強盗殺人罪で、殺害は偶発的で、強盗の原因は貧困にあった。犯人はいずれも気の弱い、また気の小さい人間であり、それを考えると彼らに死刑を科すのは、布施辰治の『死刑囚十一話』を読めばわかるように「いかに残酷」かがわかるという。これにつづけて森長は彼らしい人間観を語る。

「いかなる犯人といえども、人間であり、人間味を持っている。ことに死刑囚においては、普通人よりもより多くの血を持ち涙を持つがために、犯罪に陥る場合が少なくない」

結論として森長は、死刑は理性の少ない国家の「錯覚」によって、「死刑の力を過信する」ことによる刑罰だというほかないと断じている。

タイトルは、「死刑雑感」だが、国家のあり方、民主主義、人間を見る眼差しなどから導かれた森長英三郎の堂々の死刑廃止論である。

森長は法曹界のメディアだけに書いていたのではなかった。一九三六年一月に、医師で産児調節運動家の太田典礼（武夫）が主宰した雑誌『性科学研究』（のち『性教育』と改題）が創刊される。雑誌はわずか二年の寿命だったが、安田徳太郎、高倉テル、小倉清三郎、青野季吉、新居格《にいいたる》、神近市子、村岡花子、山川菊栄ら当時の錚々《そうそう》たる人たちが執筆者だった。そこに弁護士として「デビュー」したばかりの森長が、性という権力がとりわけ嫌がり管理したがるジャンルに挑んだ、ラディカルな雑誌に原稿を寄せていた。どんなテーマで書いていたのだろうか。一九三六年一一月号から翌三七年一月号まで三回にわたって連載したのは「性の法律読本」で、弁護士らしいテーマだった。

森長は序論でいう。「性欲は個人にとってもまた人類社会にとっても、種族本能としてどうにも出来ないものであるから、昔からこれを絶対的に否認してかかるような法律はなかった」「現代の性欲を規律する法律は、我が国の歴史的伝統の外に、資本主義社会の性道徳のイデオロギーによって特徴づけられるわけである。そこには原則として一夫一婦制度が主張せられるが、その片面においては男子の放縦は許され、売淫は公許せられ、処女性のみ片務的に要求せられている」。さり気なく性差別問題の所在を指摘している。連載ではしかし、性に関係した現行の法律制度の概要を紹介するだけだと断り、「公然猥褻罪」「猥褻書画頒布販売陳列罪」「強制猥褻罪」「強姦罪」など関連の刑罰を紹介、説明し、テーマ通りの「性の法律読本」になっている。当時こうしたことを書ける弁護士は他にはいなかったのではないか。

森長はまた一九三三年の弁護士法改正で、弁護士の世界が女性にも開かれたことで『婦人問題』という雑誌に「婦人と法律学習力」と題する文章を寄せている。

一九三六年の高文司法科試験に一六人の女性が挑戦したが、全員筆記試験で不合格になった。それに触発されてペンを執ったのか、編集部に依頼されたのかどうかはわからないが、森長は一般論と断わりながらも、法律学は論理的思考が必要だが、女性は情緒的、抽象化する力が弱いなど四つの理由を挙げて弁護士に不向きだと断じている。文末では、女性は法律をやるなと言っているように受け取られるかもしれず、弁護士を目指している「女性諸君のご機嫌を損することが大であるかもしれない」と批判を覚悟したかのように書き、すべての女性がそうだとは言えないと弁解する。

結論は、女性自身が法律学に不向きな欠点を自覚して、それを克服していけば突破できるだろうと苛酷

森長がつけていた敗戦直前から戦後にかけての手帳（森長資料）

な激励をする。戦時期の原稿であっても、属性からの見方には首を傾げる。戦後にたくさんの女性弁護士が登場するが、森長はどう考えていたのだろうか。気になるところだが、少なくとも弁護士と女性についての発言や文章は見当たらない。

他にも「無医村の問題について」「断種法を繞《めぐ》る諸家の論説」「戦時特別法の改正について」を『日本警察新聞』や『医事公論』に寄稿している。

森長は寡黙だったが、これらの小論、評論、エッセイなどからうかがえるように文章ではかなり饒舌だった。

本業の弁護士活動はどうだったのか。森長も書いているように弁護士窮乏化の時代に、お金になる仕事は少なかったが、治安維持法に関係した事件はかなり受けたようだ。それとても家計が潤うというほどではない。その中で、訴訟の途中から森長が弁護団に名を連ねた事件が「労農派・日本無産党弾圧事件」である。森長が弁護士になって間もない一九三七年一二月に労農派、日本無産党、日本労働組合の関係者約四〇〇人が一斉に検挙、次いで翌年二月に労農派を支援した大内兵衛、有沢広巳、美濃部亮吉、宇野弘蔵といった知られた教授らが検挙（教授グループ）された。いずれも治安維持法違反容疑であった。四二年八月二四日の教授グループに対する第一審判決は無罪組と執行猶予付きの有罪組に分かれたが、戦争末期の四四年九月二五日の第二審判決では全員無罪になった。森長は教授グループの控訴審から弁護人となった。それは鈴木義男の好意によっていた。鈴木は森長の力量を早くから買っていたからである。

「私にとっては多額の手数料をいただき、訴訟記録を読ましていただき、無罪となったときは、築地の料亭錦水で御馳走になることができた。しかし私は法廷で一言もしゃべらないうちに、ただ列席しただけで無罪になってしまったという記憶であって、弁護人であったなどといえるものではない。もっともほかの先輩弁護人たちも、一審弁論を引用するという程度の一言、二言の弁論であったような気がする」(『史談裁判』第四集)

戦後、森長は弁護人になって「おこぼれ」をもらったことで、身を縮めるようにして書いている。「落」をつけながらも。

「労農派・日本無産党弾圧事件」で有罪にされた被害者らは、GHQの指令で四五年一〇月一五日に治安維持法が廃止されて大審院で免訴になったが、被告人らはこの間治安当局のでっち上げで身動きできないようにされてしまった。森長が『史談裁判』で指摘しているように、「大日本帝国は亡んだが、治安当局としては、その目的を達した」のだった。この経験で彼は決して声高には言わないが、戦後社会で断じて同じことをくり返させまいとする思いを固めたとわたしは読んだ。

そう思ったのは、森長にしてはおそらく初めてだろうが、東京弁護士会会長と日本弁護士連合会会長宛てに一九六九年一〇月一七日に提出した「上申書」を見たからだ。それは、警察の検問の酷さを問題にしていた。「森長資料」にあるそれを読んでわたしは、森長の治安維持法下の弁護士体験の深刻さを教えられ、同時に戦後の弁護士・森長のただならない覚悟を知った。穏やかな文体だが、時代の流れを敏感に嗅ぎ取る森長の意識の高さと危機感が伝わってくる貴重な文書なので、全文を紹介しておきたい。

「最近の警職法による警察の検問には目に余るものがあると思います。とくに九月五日、日比谷公園における検問、十月十日明治公園一帯における検問や駅のロッカー調べなど。この検問の状況は戦前の無産政党演説会の検問以上であって、これになれることによって警察国家にかえることになり、私達が昭和三三年頃、警職法改悪に反対した意味を、すべて没却することになると思います。

この際、在野法曹として、学生団体の行動によって目をふさがれることなく、これに対して確固たる意見を出すべきものと考えます。

貴会におかれて、人権擁護委員会又は司法制度委員会など適当なる委員会で審議せられて、早急に決論を出されることを希望します」

「上申書」には八点の資料が添えられていた。

森長が「労農派・日本無産党弾圧事件」裁判にかかわりはじめたころだろうか。一九三九年の晩夏か初秋のある日の朝突然、ひとりの中年の女性が護国寺前の森長の自宅兼事務所に訪ねてきた。女性は『伸子』などで知られた作家の宮本百合子だった。共産党に潜りこんだスパイに対する査問事件で治安維持法違反、殺人・同未遂、不法監禁など盛りだくさんの罪名で起訴、予審に付され、公判中の宮本顕治の妻である。

「森長さん、顕治は非転向ですが、あなたは弁護する気持ちはありますか」

紹介者もなく、弁護士になって日も浅い、経験の乏しい森長に百合子はこう訊くのであった。この時代に治安維持法事件を受任するのは、かなりの勇気と覚悟が要った。まして宮本は非転向であった。

「私は転向とか、非転向にはこだわりませんので、やってもかまいませんが、ただ十分な弁護が出来る自信はありません」

森長はそのころまでにいくつか治安維持法事件を担当してきたが、大きな事件で中心になってやったことはない。一般の弁護士はとくに非転向者の弁護をさける傾向にあったから、弁護士の選択に困った百合子が無名の森長のところへ頼みにきたと、森長は思った。この事件ではほかに袴田里見、西沢隆二らが検挙され、公判に付されていた。

「いいえ、森長さん、今のような時代に法廷闘争をしていただこうとは思っておりません。ただ事務的な処理をしていただければそれでかまいません」

すでに顕治には栗林敏夫という弁護士が付いていていたが、あまり熱心ではなかったようで、裁判記録の謄写などをしてくれればいいと百合子は言うのだった。

森長が宮本顕治の弁護人になったいきさつを回想的に綴ったのは、一九五一年一月に急死した百合子への追想記「監獄のそとにて」(宮本百合子追想録編纂会編『宮本百合子』)である。森長が追想記を資料ではなく、記憶に頼ったのは、「積み上げると一メートルに達したこの事件の記録は、数十通の宮本氏からの獄中書簡とともに戦災で焼いてしまった」(「スパイ査問事件」『史談裁判』)からだった。

百合子の「日記」や「書簡」、それに顕治との一二年に及ぶ往復書簡、さらに森長のその後の記憶などを突き合わせると、百合子に森長を紹介したのは布施の可能性が高い。数年後に布施から「百合子さん、行ったか」と確かめるように訊かれたからだ。百合子の三九年八月三一日の「日記」の欄外に「音羽町に森長英三郎氏を訪う」とある。彼女の「日記」に森長がフルネームで登場するのは、この日が初めてである。森長の追想記の記憶はそのときのやりとりで、百合子は森長についての感触を翌九月一日に顕治に面会したときに伝えたようで、九月一一日に巣鴨の顕治から百合子に電報が届く。

「モリナガ　シオメニカカリタシケフアスニデ　モ　ケンジ」(森長氏　お目にかかりたし。今日明日にでも。顕治)

百合子はすぐに森長に電話をかけ、一二日に音羽へ行っている(以上『宮本百合子全集』第二四巻)。それから森長は毎週、日を決めて巣鴨の拘置所に顕治に面会に行くようになる。初めての面会は電報の直後だったようだが、特定は出来ない。そのとき森長は顕治から、やれるかという感じの「口頭試問」を受けたという(「スパイ査問事件」『史談裁判』)。

百合子が音羽の森長事務所を訪ねて公判のことどもを相談しているころだろうか、彼女が詠んで短冊に書いた一首が「森長資料」にある。

その襖のかげから一つこの障子からも一つ
こぼれ出す子等の笑った赤い頬
百合子

「まだ幼かった上の兄たちを詠んだんですね。私はまだ生まれていません」。詠まれなかった桂子さんの弁である。ほのぼのした家族の情景が見えるようだが、時は紛れもなく戦時下であった。その後一九四一年に森長は音羽から四谷区番衆町（現・新宿区五丁目）に居を移している。桂子さんはそこで生まれた。

検挙されて以後、顕治は警察、検事、予審ではすべて黙秘で通し、公開の法廷でのみ述べるという方針を貫いた。顕治の公判は、彼の病が重篤だったために袴田らと分離され、本格的にはじまったのはアジア・太平洋戦争も末期に近い一九四四年六月一三日からだった。四一年に治安維持法がまるで新法のように改悪され、キャリア一〇年以上、思想穏健などの条件をクリアした弁護士が弁護士会の推薦で司法省に登録され、その弁護士しか治安維持法事件を受任できなくなった（指定弁護士制度）。法の改定以前の起訴事件には、この制度は適用されなかったから、経歴一〇年に満たなかった森長でもこの事件の弁護人になれたのである。三〇年代はじめからはじまった自由への抑圧は弁護士へも容赦がなかった。締め付けの縄は何本もあり、どんどん増えて、太くなっていった。「天皇の裁判官」らは紛れもなく抑圧の荷担者だった。

弁護士控室の弁護士らにお茶の世話をする女性にも盆暮れに気遣いを見せた、細やかな神経を持つ百合子は、食べていくのがかつかつの森長に必要な事務費や記録の謄写代のほかに相当の支援をしたようだ。百合子の日記を追っていくと、「森長さんのために、ワイシャツ地見についてゆく（中略）森長さんシャツ地、男児ブラウス地二枚分」「咲（百合子の姪の中條咲枝）と洋服の布地やへまわるというので森長さんのため一緒にゆく」（『全集』25）などとある。森長の記憶はもっと具体的である。

「私は最初二百円いただき、裁判のあるときなどは余分にもらったが、盆暮れにはいつもきまって五〇円ずつ届けられた。貧乏な私は、いつとしもなく、それをあてにする金となり、何かの都合でそれがおくれるときは、家計の予算が狂うこともあった」（「監獄のそとにて」）

創作意欲がすこぶる高かった百合子は顕治の訴訟費用の負担もあり、書きまくり稼いだが、費用は莫大だったろうと森長は推測する。しかし百合子も一九四一年二月には執筆禁止になり、アジア・太平洋戦争がはじまった一二月八日の翌日には理由不明で駒込署に検挙されている。百合子の「事件」は、森長は担当せずに鈴木義男が受け持ったようだが、死線をさまよう重い病で翌年七月末に出獄した。顕治の公判は四四年六月からはじまり、百合子は毎回傍聴するが、第一回は裁判所から知らせもなく、森長から公判があったことを電話で教えられている。

公判はその年の一一月三〇日の第一五回までつづいた。森長は第七回を除いてすべて出席している。「私は弁護人といっても、走りつかいにすぎなかった」と回想しているが、裁判官との交渉、記録を謄写屋(裁判所には専門の謄写屋が入っていた。間違えると、出入りストップになるので正確。裁判所は専門業者以外の謄写をなかなか認めなかった)に頼み、出来上がった記録を顕治に差し入れるなどかなり大変だった。裁判官との折衝では、分離された顕治が公判に堪えられない重病だったので、森長は何度も頭を下げて延期を頼む。担当の裁判官は早く片づけたいので、渋い顔でなかなか応じない。森長は頼み倒して粘り強く引き延ばしていった。交渉は三年間つづき、長い空白後の一九四四年六月にはじまったのが第一審である。すでに戦局は敗戦の色濃く、街では防空演習がつづき、森長も足にゲートルを巻き、百合子もモンペで法廷へ通った。公開法廷だったが、一般の傍聴人はほとんど見当たらず、百合子の妹らほんの数人だった。

一一月一四日の第一二回公判での弁論について森長は「私の弁論は何をしゃべったかもおぼえていないが、冷汗ものだったことは間違いない」(「スパイ査問事件」)と回想しているが、百合子のその日の「日記」(『全集』25)を読むと治安維持法違反の被告人に同調するような弁論が許されない状況にあって、森長の懸命の奮闘ぶりが伝わってくる。

「本件は宮〔顕治のこと〕の陳述によって、初めて全体が統一的に明瞭にされたにもかかわらず、検事は第一審〔分離された袴田らの第一審〕当時の事実に立って論告されたことは不審にたえないところであり、且つ無期という求刑も一審判決を基礎とされたことを不審とする。袴田が一審で無期を求刑され其が二再〔控訴審〕で十五年となり更に十二年となったのには、情状による酌量というよりも明らかな法律的根拠があった。即ち、第一審で附加せられていた殺人は第二審でとりのぞかれていたのであるから、控訴判決によらない検事の御論告は理解しがたいところである。

弁護人というものはある場合、裁判所を信用しないものであるが、被告は話しすればきっと分かって下さるという信念と熱心とをもって陳述し、少なくとも三度は裁判長キヒがあろうと思っていたところ、そういうこともなく順調に進んだのは、裁判長の御人格のしからしめるところであると共に被告の信頼を語っているものと思います。

スパイを使うのはやむを得ないとして、使い方があくどかった。これは国家の恥である。大なる善のために小なる悪を敢えてしたのならば、その小なる悪について一半の責任を国家も負ってよいのではないか」

百合子は森長の弁論をこう書き留めているが、これは正式の公判調書によっているのではない。現在のようにメモが出来る法廷ではなく、百合子が傍聴席で聞いたあとで記憶に基づいて記したので、正確ではないだろうが、「百合子さんのように頭のズバ抜けた婦人に会ったことはない」と森長が驚くほどの女性だったから、要点は外していないだろう。森長の弁論趣旨を今から読めばこの程度かと思う人もいるかもしれないが、百合子は不当な時代を体と文学者の感性で知っていた。森長の弁論について彼女は「おだやかながら努力した」と日記に記している。

後年、森長は番衆町時代に戦災によって膨大な訴訟資料が焼失してしまったことを悔やんだ。それは、宮本百合子の「日記」に書かれた自身の弁論内容を読んで忸怩《じくじ》たるものがあったからだ。「なんというだらしない弁論であろうか。百合子日記を憾《うら》みたくなる」(「私の事件史のなかの天皇制」『法律時報』一九七六年四月号)。

判決は一九四四年一二月五日、空襲警報が出ているさなかにあった。殺人は除かれたが求刑どおり無期だった。ふつうは主文、理由の順だが、ひっくり返して判決理由を述べた後に主文を言い渡して「裁判官は逃げるように法廷をでた」(「監獄のそとにて」)。百合子は第一審判決の日の様子を時代の雰囲気を編みこみつつ、戦後の名作『播州平野』(『全集』6)の終わりのほうで描いている。

かすかな風で葉のそよぐ大名竹の影絵を眺めながら、枕の上で大きく眼をあいているひろ子に、四月下旬の昼ごろの日光に照らし出されたほこりっぽい公判廷の光景がよみがえって来た。判決言渡しが予定されていたその日、午前十時頃から東京は小型機の編隊におどかされた。定刻までに裁判所へ行っていた永田さんから、中止の電話がかかった。ひろ子は、持てあつかっていた鉄兜を肩からおろし、もんぺをはきかえた。そのうち、空襲警報が警戒警報にかわった。すると、またベルが鳴って、裁判所では、急に開廷することにきめたからいそいで来るようにと知らせて来た。「何と意地わるなんでしょう。家族が間に合わないと知れているのに——」

「私の方で出来るだけ時間をはかっていますから、ともかく早くおいで下さい」

ひろ子の住居から裁判所までは一時間かかった。歩いて、それから都電にのって、また歩いて、その間にかかる時間は、ちぢめようにもほかにてだてはないのであった。ひろ子は、本当に息をきらして、裁判所の三階にある公判廷に入って行った。

開廷されていて、ほそおもての裁判長が何かを読み上げていた。最前列に重吉がかけていた。いつもは離れたところにいる二人の看守が、きょうは左右について同じベンチにいる。ひろ子は、永田さんのうしろにかけた。ガランとした公判廷にいるのは、それぎりの人数であった。

「ひろ子」は百合子であり、「重吉」は顕治である。森長は「永田さん」として描かれている。

判決の言渡しの場面を『播州平野』はつづけて描く。

裁判長は、理由を読み終わった。主文と、区切って、声を高め、無期懲役に処す、と読んだ。つづけてすぐ事務的に、この判決に不服ならば一週間以内に控訴するように、と早口に云い添えて、裁判所関係のものは一斉に並んだ椅子から立ち上がった。重吉も立った。ひろ子は、自分の知らないうちに起立して、こちらをふりかえった永田さんの実直な色白い顔がひどく紅潮しているのを見た。

冷静な森長が「顔をひどく紅潮」させていたと、百合子は描写している。頰を紅くした森長の胸中はどんな思いが交錯したろうか。司法への怒り、落胆、無念、無力、あるいはやむを得ない――。森長はこのとき三八歳だった。

『播州平野』で百合子は「控訴」と記しているが、一九四三年一〇月の裁判所構成法戦時特例中改正法律によって、すべての事件は控訴出来なくなっていた。顕治はやむなく大審院へ上告したが、被告人の出廷は認められず、弁護人だけであった。四五年三月一〇日の東京大空襲で大審院も戦災し、小石川の跡見女学校に移転し、そこで四月六日に形だけの弁論が行われ、五月四日に上告棄却の判決があった。百合子も傍聴せず、判決を聞いたのは森長一人だった。

大審院は主文を宣告するのみで、治安維持法事件では判決謄本も弁護人に渡さない。森長は何とか頼んで判決原本を見せてもらったが、「メモを取ることは許されなかった」(「スパイ査問事件」)。司法は弁護士をとことん抑圧した。それは市民への弾圧であった。

宮本顕治は判決後に網走刑務所へ送られたが、四五年一〇月四日のGHQの政治犯釈放の指令でその月下旬に出獄している。ここでは「スパイ査問事件」の顚末ではなく、事件の弁護人になった新人弁護士の森長の記憶や回想を通じて、自由が不当に弾圧されていた時代にあって彼の奮闘ぶりを宮本百合子の言動も重ねて追った。

森長は「スパイ査問事件」の弁護人となった体験と、治安維持法下の時代経験から、弁護士さえ歪《いびつ》にしてしまった同法の凄まじい実体について、反省をこめて貴重な証言を『全集』20「月報」9のインタビューで語っている。

治安維持法が弁護士らにも容赦なく襲いかかるようになったのは一九三〇年代である。象徴的な事件は布施らが弾圧された「日本労農弁護士団事件」(一九三三年九月)で、法廷での弁護活動が治安維持法には違反するという理由で次々に検挙されていった、弁護士史上最大の事件である。森長はこの事件に触れて、法廷で弁護士が治安維持法が悪法だとか、被告の行為は正当だとか主張すればたちまち治安維持法違反の現行犯で引っ張られる、そんな緊張感のつづく状況での弁護活動は極端な制約を受けたという。ことに非転向者の場合、多くの弁護士の目的は「将来転向させて執行猶予にする」だったという。「つまり非転向者に対しては、おなさけ頂戴という弁護しかできなかった」。

ある女性の場合、一審の弁護人が法廷で彼女のことを「国賊だとかあんまりいうので、やりきれないということで」、第二審から森長に依頼したという。一審の弁護人が珍しいのではなく、少しでも罪を軽くするためのテクニックの一つだった。

もう一つ森長が語っているのは、非転向者に精神鑑定を依頼する弁護の方法だった。「この非常時に転向しないのは頭がどうかしている」というわけである。非転向者はそのように見られていたので、少しも変ではなかった。治安維持法下の時代は、「本来的に自由主義」であるはずの弁護士が権力の前に膝を屈してしまった。森長は反省を踏まえてインタビューの中で語る。

「いまになって考えることだが、弁護士全体が時の政府、非常時に迎合していたのではないか。治安維持法は悪法だ、被告人の行為は正当だと弁論しなくてもいいが、もっと毅然とした態度で弁護できる方法もあったのではなかろうか、ということがいま反省されます。いま反省したって遅いのですが——。まもなく弁護士会のほうでは大日本弁護士報国会などというのも便乗してできたし、そういう空気がずっと昭和十年代にはあったように思います」

こういう時代文脈の中に「スパイ査問事件」の森長の弁論を置いて読めば、百合子が「おだやかながら、努力」と記しているのは感謝であったろう。

「スパイ査問事件」など戦時下の治安維持法事件の弁護体験と時代経験が森長の全身に刻みこまれ、彼の中に流れていた土に源流を持つ「沈黙せざる精神」と骨太の自由主義がいっそう豊かになっていったのだろう。

第4章　風霜五十余年遥か

仕事場の森長（森長資料）

一九六四年一二月六日のことである。『朝日新聞』京都版の左上にある「読者のひろば」コーナーの投稿に田村貞一牧師の目が釘付けになった。「大逆事件の小松丑治さんの消息を」の見出しがついていた。田村は投稿文を急いで追った。

「大逆事件の被告の一人、小松丑治さんは昭和二十年ごろ、京都市伏見区で病死したといわれる以外、消息がわかりません。どなたか小松さんの昭和六年四月二十九日の仮出獄のこと、病死の年月日、墓の所在地、遺族のことなどを「大逆事件の真実をあきらかにする会」の私まで教えてください。東京都新宿区大京町二・森長英三郎」

――どうしよう。小松さんの妻のはるさんは、ずっと前からうちの教会や幼稚園で働いている。しかし「大逆事件」の遺族ということは伏せてある。ほんのわずかの人しか知らない。本人も事件については一切触れたがらない。うーん。とにかく今泉先生と相談しなければ[1]。

再審請求の審理は一九六四年一二月には終盤に入っていたが、まだ意見書などを書かねばならない。森長は多忙の合間を縫い、全被害者とその遺家族の半世紀を記録に留めておかねばと、「大逆紀行」などで追跡調査をつづけていた。それでも全被害者の遺家族などの消息をつかむのは骨が折れる。弁護士だから戸籍などは入手しやすいが、当事者の住所などがわからなければ手がかりは得にくい。小松丑治もそんな一人だった。

高知出身の小松は事件に連座した岡林寅松と同郷で、一時期ともに神戸海民病院で働いていた。神戸で結婚したが、事件に巻きこまれ死刑から無期になり、諫早《いさはや》の長崎監獄（一九二二年に長崎刑務所）に送られ、夫婦は引き裂かれてしまった。一九三一年四月に仮出獄したが、四五年一〇月四日に京都・宇治の親戚宅で栄養失調のために非業の死を遂げていた。

小松が仮出獄後に京都で死亡していたことは森長も知っていたが、詳細はわからない。墓はあるのか。あるとしてもどこにあるのだろうか。遺族はどうしただろう。たしか堺利彦が事件後の慰問の旅で神戸にいた小松の留守宅を訪ねて、残された妻のことを「丸い顔」という掌編に書いていたが……彼女はどうしただろう。森長は新聞への尋ね人投稿を思い立った。

しかし投稿に反応があるかどうかはまったく予測がつかない。遺族が存命しているかどうかもわからない。存命であっても、京都にはいないかもしれない。京都にいたとしても、『朝日』を購読しているかどうか。いや『朝日』を購読していても京都版の小さな投稿に気づくかどうか。本人が見たとしても、今さら名乗り上げるだろうか。再審請求が何年にもわたって全国的なニュースになって報道されているのだから、成石平四郎の孫の岡功のように連絡してくる遺族もいるが、そっとしておいてほしいと思う遺族もいるにちがいない……森長はあれこれ、さまざまな思いをめぐらせた。

賭けのような森長の投稿に反応があった。

「森長資料」の書簡の山を繰っていたら、森長の自筆の投稿原稿と一緒に一枚の便箋が出てきた。そこにはこうメモされていた。

「この記事〔投稿〕の四、五日後、田村牧師から私の所に未亡人がいる。本人は閉鎖的で私と二、三人の者以外は大逆事件の遺族であることを知らないといってきてくれた」

応答したのは日本基督教団洛西《らくさい》教会の田村貞一牧師だった。小松はるが田村牧師の教会にいて、当の牧師が投稿を読み、すぐに返事を出していたのだ。ラッキーだった。森長はメモのあとに、「そのはがき不明」と注書きをしていた。書簡をきっちり残す森長にしては珍しい。行方知れずになった田村のはがきには妻の名前はもちろん、もっと詳しいことが書かれていただろうとがっかりしたが、やむを得ない。

森長は田村牧師からのはがきを読んで、小松の妻が洛西教会にいると知ってどれほど驚いただろうか。探していた遺族の存在、その居場所が判明したのは、事件を追ってきた森長にとっては大きな出来事だった。年が明けた六五年一月になって、森長は投稿内容に加えて、遺された妻のことなどについて問い合わせる手紙を田村牧師に出した。できればはるにも会いたいと書いただろう。間もなくして、田村牧師ではなくかつて日本基督教団神戸多聞《たもん》教会で牧師をしていた今泉真幸から返事が来た。丑治が囚われたのち、はるに救いの手を差し伸べた牧師である。おそらく今泉のことは、田村の最初の書信に記されてあったのだろう。

「拝復　一月三十一日午後

御問合せの如き数十年の昔のこと、特に込入った事件につき、現今の私としては御答え出来ません。しかし私の方へご訪問下されば、出来るだけの御答えを致しましょう。

いずれにしても、本人に迷惑のかからないように願いあげます。私は九十五歳の老人です」

厳しい内容だった。むろん森長は覚悟していた。はがきが届いたのは二月一日で、再審請求は結審したばかりだ。同時に合議への疑惑の煙が立ち上りはじめていた。森長は今泉の齢を知って急がねばと思ったが、すぐには動けなかった。ようやく時間が取れそうになったのは三月も半ばに近かった。森長は「大逆紀行」で二度目の熊野訪問を計画していて、その帰途一九日に京都に行きたい、できればはるにも会いたいなどと書いた手紙を田村に出した。折り返し速達はがきが届き、一九日は教会付属の幼稚園の卒園式だが、午後二時半以降なら対応できる、はるさんは流感で臥せっていたが回復したとあった。

三月一六日の夜、森長は熊野行きの旅に出た。三重県・御浜町で﨑久保誓一の、次いで和歌山県・本宮町請川で成石勘三郎・平四郎の墓参をし、遺族に会って田辺経由で京都へ向かった。京都地裁で再審請求弁護人の能勢克男と落ち合い、一緒に今泉を訪ねた。神戸多聞教会の牧師時代に一人になってしまったはるの世話をずっとつづけた温かい牧師だった。はるが今泉の導きで受洗したことも教えられた。

今泉は同志社大学で新島襄《じょう》の教えを受けた数少ないクリスチャンの一人だった。九五歳で記憶はかなりおぼろになっていたが、事件当時の神戸監獄の看守長の有馬四郎助から聞いた「「大逆事件」は馬鹿げた話だ」ということを森長と能勢に語るのだった。「馬鹿げた」は、あり得ない作り話というニュアンスだったようだ。

このあと、森長と能勢は洛西教会を訪ね、卒園式を終えたばかりの牧師・田村に会った。丑治の死後に今泉の紹介ではるを引き受け、教会や幼稚園の雑務や留守番役の仕事をしてもらうようになって二〇年ほどになっていた。森長らはこのとき、初めてはるに会った。

はるは一八八四年生まれで八〇歳になっていた。二六歳のときにでんぐり返った人生を取り戻せずに老いた女性は、二人の男性弁護士を前に貝のように口を閉ざしたままであった。もう解放の時代になったのですよ、と森長らが説いても信じようとしなかった。そんな彼女に、森長の心は重く締めつけられるのだった。

「大逆事件の被告人と同列以上の犠牲者であるとの印象を強くした。この人の余生を幸福にして上げる方法はないものか」。帰京後に森長は「あきらかにする会ニュース」(第一一号)に一言感想を書くのがやっとだった。

洛西教会牧師の田村は、数年後だが、森長に自身のプロフィールを送っている。それを見ると、一八九三年大阪市生まれで、森長と会ったときには七二歳だった。同志社大学神学部卒で今泉の後輩である。田村の自己紹介では、日露戦争当時の抵抗者の一人で、良心的兵役拒否者として知られる牧師・矢部喜好《きよし》の影響で受洗し、著書として『矢部喜好の生涯』(キリスト新聞社)[2]があると記されてあった。当時、キリスト教主義に基づく非暴力の平和団体・日本友和会の理事をしていた。

森長に同道した能勢の父は宮城地裁所長だったことは前に触れたが、彼の父は今泉と交際のあったクリスチャンだった。後日、能勢はそんなことに触れつつ、はるを支えてきた人びとについてのことを森長への手紙で書いている。「大逆事件の「逆徒」たちを、かくれたる世の義人たちは陰に守りつづけていたものと思います。歴史の暗さは、そういう風にして、どこかで償われているのでしょう」。

はるは初めて訪れた森長らには心を開きはしなかったが、森長ははるに語ってもらいたかった。田村牧師との書簡のやりとりはその後もつづくが、はるの心を開くには同性のほうが適しているのではないか。小松の出身地は高知である。森長は一年前に高知を訪ねた折の座談会で録音を手伝った大野みち代に期待した。父の武夫を通じて依頼したのかもしれないが、大野みち代の協力が得られることになった。

「森長資料」の中には大野みち代の書簡が数十通あるが、ことに小松関係が多い。彼女は森長の意を受けて六五年いっぱいジャーナリストのように精力的に動いた。川崎市に住む大野の友人の話では、体が細く、肝臓が悪く、ひ弱だったというが、調査することに意義と面白みを感じ、足で調べ、その報告をこまめに森長に書き送った。大野の調査は、森長のいうように「大逆事件」の被害者の遺族が、起訴された人たちと同じかそれ以上の深い傷を負っていた事実を、はるを通して明らかにしていった。その一端を追ってみる。

四月一一日、大野は高知市小石木山《こいしぎ》にあった小松家の墓所を見つけ、墓の絵や大きさなど詳細に描いて送った。この手紙が、小松に関する大野の報告の第一信だろう。手紙には、墓所には三基の墓が並び、小松の父、母が各一基、隣に丑治の兄夫妻、丑治本人ら五人一緒の墓があると書かれ、墓石の姿がデッサンされている。

最初の手紙には、大野が小松の従兄弟・従姉妹の居所を探し当てて、そのうちの一人に会ったことも書かれてあった。切れ切れの記憶の中で、「丑治は有無を言わせず連行された」といった従兄弟からの話を簡単に記している。遠く離れた森長には、事件の被害者の一人の姿の輪郭がぼんやりとではあっても見えたかもしれない。大野は手紙の末尾を「土佐では桜もやっと咲きそろい、すっかり春になりました。今年は春が遅いようにも思います」と結んでいる。

病身だったが大野は、フットワークが軽かった。行動力のあった彼女からの「小松報告」は次第に詳しくなっていく。一一日の報告からわずか二日後には再度、丑治の従兄弟に会って詳しい話を聞いたので、数日中に送ると予告し、一四日には伝聞話を含めた報告が速達で届いた。

「丑治さんは寝こみを襲われ、寝間着のまま連れて行かれた」「はるさんは神戸出身で、高知には一度も来たことはない。養鶏業をやっていたが、丑治さんが捕ったとき、養鶏用の薬品まで持ってゆかれた」「丑治さんが獄中の食事で注意したのは、身体が自然に衰弱していくようなものが入っていないか、毒が盛られていないかだった」「諫早監獄での丑治さんとはるさんの面会はただ涙だけで、短い面会時間で手を取りあって泣いた」「丑治さんが入獄中、はるさんには再婚話があったが、耳を貸さず、ひたすら出獄を待った。必死に働いて諫早までの旅費を作っては面会に行った。はるさんは実にしっかりした人」「丑治さんは二人兄弟で、お兄さんは警察官で、最後は署長にもなったようです。思想的には対立もあったようですが、仮出獄した丑治さんは東京・大森に住んでいた兄の臨終に際して面会に行ったが、特高が調べに来たので、最期は見届けられなかった」「仮出獄後の丑治さんは仕事にも就けず、はるさんのご苦労は大変なものでした」

か細くなった記憶の糸巻きを繰るような伝え聞きではあったが、大野の手紙には知られざる小松についての話が詰まっていた。

洛西教会にいる小松はるに大野が初めて会いに行ったのは、暑気が肌にからみつく残暑厳しい一九六五年の八月二〇日と二一日の二回だった。それまでには何度も手紙を出していただろう。当日は坂本昭から暑中見舞いとして土佐の鰹節、国民救援会からの見舞金も持っていった。このときの報告は便箋六枚半に及んでいる。便箋の一枚目に「小松はる様からの聞き覚え」とある。彼女の二〇項目に上る報告は、断片的ではあるが、事件の広がり、深さ、長さを今に伝えている。

「はるは、生まれも育ちも神戸で、湊川に住んでいた。実家の両親などはすべて亡くなった」

「事件は結婚して五年ぐらいしてからだった」

「小松と岡林はとても仲が良く、しょっちゅう一緒で、家にもよく来ていた。岡林の妹の晃恵が兄の世話をよくしていた」

「小松はなんでもできて、万能だった。海民病院では院長代理をしたり、薬のほうもくわしかった」

「小松も岡林も無口なほうで、余計な話はしないほうだった」

このあと、大野は幸徳秋水や堺利彦が携わっていた週刊『平民新聞』などに小松や岡林の名前で掲載されている「神戸平民倶楽部」の学習会について訊ねている。はるの語りを大野の問いなどを挟みながら、そのまま引く。

「私たちの家は拘置所や警察などのある湊川にあったので、人を集めにくいので、川崎造船所のところに大きな家を借りて、そこでやっていた。というのは、若いお勤めの人たちが、朝に晩に家の前を通るので若い人たちを集めやすいからだった。が、貸家だと家主さんに気がねがいるし、充分な事ができないので、自分で大きな家を持って、もっと徹底してやりたいというのが小松の夢だった」

大野が集まり具合や幸徳秋水が訪ねてきたことはなかったかと問うと、

「もう古い事ですので、よう思い出しません」

丑治が捕まったときの様子を訊くと、

「夕方のようでしたので、ふだん着のままでした。いつも小松がかりの刑事がよくしらべにきていましたので、いつもの事だと思っていましたら、様子がちがうし、一向に帰って来ないので、小松のお父さんが兵庫と大阪の警察を、毎日毎日、おべんとうもって、さがしてたずねて歩きました。あのときのお父さんはほんとうにかわいそうでした。そのうちに、巣鴨らしいという事がわかってきました」

従兄弟らが口伝えで聞いていた話とちがっていたり、市ヶ谷の東京監獄と巣鴨拘置所がごっちゃになったりして、思い違いや記憶にばらつきがあるのは当然だろう。半世紀以上前のことであり、それを語るはるは八一歳だったのだから。

大野は、はるが長崎監獄へ面会に行ったことについても訊ねている。

「二回ぎりです。そんなに私も行かれませんし、その行きも帰りもずっと尾行がついていました。それでなくても、私が一寸、出かけるときにも、いつも尾行がついていました。長崎では刑務所の前のお家の方々が、それはそれは親切にして下さいました。ありがたいと思いました。田舎のお人は親切ですね。畳一枚ぐらいのところへ小松と向きあいに座って面会するのですが、そのあいだに看守がいて、めったな話もできません。すぐに叱られますもの」

大野は従兄弟から聞いた、小松が食事に毒を盛られる心配をしていたという話を確かめた。

「それはずっとのちの方で、そんな心配がでてきたようです。手紙などももらいましたが、意味のわからないような事を書いてあるので、判読するのに苦労をしました」

はるの話は同じ長崎監獄に囚われていた岡林のことにも及ぶ。

「岡林さんの方は、意地悪い看守がいて、しょっちゅうその看守にたたかれていたそうです。小松がこちらの独房からみていて、かわいそうに思ったそうです」

ここで大野は小松の死について、服毒自殺だったという話があるようだがと訊ねると、はるは即座に否定した。

「いや、そんなことはないでしょう。〔中略〕死んだのは栄養失調でしょう」

はるは事件後の苦しみをぽつっと言った。

「ともかくあの事件以後のことは、その苦労はもう大変で、とてもお話しになりません。出獄後の食糧難の時も大変でした」

あまりに辛く苦しい体験をすると人はそれを具体的には語れない。自身がそれに耐えられなくなってしまうからだ。心的な傷が深いと、その痕はいつまでも痛む。

大野が教会での様子について訊くと、

「以前には、体が立つ時には、教会や幼稚園の仕事を手伝いましたが、このごろは体の力が一ぺんに抜けてしまったようで、人さまに迷惑をかけないようにとせい一ぱいです。日曜の礼拝に来られる人を入口でみはっています〔大野は受付のことだろうと注を付けている〕」

去年〔一九六四年〕はるは交通事故に遭い、田村牧師に外出を止められている、両方のひざ下の神経痛と高血圧で週に一回医者へ通っているが、難儀していると訴えるのだった。

はるは次第に心を開いていったのか、土佐のカツオのタタキ話を懐かしそうに話題にする。

「昔、小松のお父さんがよく土佐からカツオを三枚におろしてもってきて下さいました。それでタタキを作って下さいました、あれはワラのタワラでやりますね」

「神戸はお魚があたらしいし、京都は野菜がおいしい。でもあんまり京都の冬がさむい時には、神戸へ行ってみたいとおもうときがあります」

牧師の親切な思いやりが身に沁み、森長と能勢の訪問も覚えていた。

「ここの先生はじめみなさんがよくして下さいますのでありがたいと思っています。東京からわざわざいらして下さいました。眼もかすみますので、お礼もよう出さずに失礼ばかりしています」

大野の手紙では、はるは明るく快活に、よどみなく喋っているようだが、決してそうではなかった。最初は暗く沈んで、取り付く島もなかった。ささやくようなかすれた声で、ことばを口にするのもようようだった、と大野はのちに書いている。沈黙の場面も少なくなかっただろうはるから、大野はこれだけの話を聞き出したのである。二日間、二回になったのも当然だった。はるは色白で風姿はきゃしゃで、粗衣を纏《まと》った、孤影悄然としていたとも大野は回想している。

それでもはるが、心の扉を少し開いてくれたことに、大野も身体の中を温かな風が吹き抜けていくような気がするのだった。「少しは私にうちとけて下すって嬉しい思いをいたしたことでございました」。

はるへのインタビューは、おそらく森長が質問事項も含めて細々としたアドバイスをしたと思われるが、大野も従兄弟らの話を参考にして尋ねたのだろう。大野のはるとの面会はこの年だけであと二回、計四回に及んだ。森長ははるに訊いてほしいことを、注意を混ぜて大野へ手紙を出していたようで、大野は「お手紙の主旨よくわかりました」「なるべく早くはる様をお訪ねいたします」「今度はちゃんと分を立てて参ります」「田村さまやら、もう一人のお方〔今泉のことか〕にもゆっくりお話をお聞きして参りましょう」などと返信している。

大野の京都でのはるへのインタビューの最後が、一九六五年の一〇月初めだった。四日間にわたった旅で大野は、はるに二回、神戸多聞教会の牧師をしていた今泉の妻、そして田村牧師にも会った。さらに森長が一度訪ねた、小松と岡林が薬局生として勤めていた神戸海民病院の所在地確認などで神戸へも足を運んでいる。京都、神戸の「取材」報告が一〇月二一日付で森長の許に届いた。便箋一一枚もの長文である。時間の幅が数十年にもなるので、かいつまんで大野の報告を追っていく。

今泉の妻の記憶では、丑治は仮出獄後には、刑事につきまとわれるのがいやでほとんど外出をしなかった。打ちしおれた様子で教会の前に、ささやかな養鶏業の「卵を黙って置いて、お辞儀だけして帰られた様子だけは憶えている」。はるとは親しくしていたが、事件のことはほとんど口にはしなかった。

田村牧師の話では、はるは今泉牧師の世話で丑治が亡くなった後、一九四六年一〇月に洛西教会に来た。まだ六〇歳代で若々しかった。教会の雑用係のおばさんという形で、給料も六〇〇〇円で、食事も自分で作っていたが、交通事故に遭ってからはすっかり弱ったようだ。

はるは「丑治が戻ってくるまではあれもこれもとメモして残していたが、丑治が戻ってきてからはもう事件のことは何もかも一切忘れようと努力してきた。だから古い話は何もしたくない」というのだった。ただ養鶏をしていたころのニワトリの飼い方、生き物の話になるとはるは、目を輝かせるのだった。そのときのはるの微笑みや時に立てる微かな笑い声が大野のまなうらと耳に残った。大野はそんなニュアンスをこめて書いている。

おそらくこの訪問のときだと思われるが、大野ははるから一冊の本をもらった。堺利彦がはるに贈った『楽天囚人』という本で、「小松春子様　著者」のサインがある。はるはそれをベッドの枕元の傍に置いていた箱の中から取り出して、大野にプレゼントしたのである。大事にしていた本のプレゼントは大野のこれまでの心遣いへの感謝でもあったろう。

はるの語りは前の二回よりも乱れがちで、落ち着きがなかった。大野が訪ねたそのころ、高齢のはるの行く末を案じた田村牧師が今泉らと相談して、明石市にあるキリスト教の社会福祉施設「明石愛老園」への転居話を進めていたのだった。施設での生活費などは民生委員でもあった田村牧師が一切の手配を済ませていた。はるは、二〇年住み慣れた教会を去らねばならないという寂しさと、環境が変わることへの不安がないまぜになっていて、心が重く、ふさいでいたのだった。

大野は京都訪問の後に明石愛老園を見学に行った。海が見えるところだろうと思っていたが、海は見えず「播州平野が見下ろせる丘の上」だった。内部を見学し、入所している一〇〇人ほどの人たちの雰囲気は良い印象だったと、大野は森長に報告している。

「大逆事件」について詳しいことを知らなかった大野にとって、はるとの出会いはとても大きな出来事だった。それは森長宛ての手紙の端々から伝わってくる。「大逆事件」の被害の傷痕が、こんなにも深いとは思いもよらなかった。そんなはるが、教会から離れて見知らぬところへ行かねばならない。年老いたはるの心を思うと大野はかわいそうでならなかった。

一〇月の森長宛ての長い手紙の末尾で大野は書いている。「はる様のことで妙に気がつかえて思い出しても涙がでてきて、なんとなくしばらくそのままにして手をつけられず」、報告が遅れたことを詫びている。

田村牧師から森長の許へはるの転居を知らせるはがきが届いたのは、大野の報告から一週間ほどした一九六五年一〇月二九日だった。はがきには、はるに対するこれまでの「種々のご高配」に感謝しているが、高齢でこれ以上働いてもらうのは気の毒でならないので、ちょうど空きの出た明石愛老園へ入所することになったと記されてあった。「たまたま高知の大野みち代さんが来られた時、わざわざ見に行って下さったのでご安心頂けると存じます」。

はるが洛西教会から明石へ移ったのは、はがきから三日後の一一月一日である。約二カ月後の一二月二四日のクリスマスの日に田村から届いたはがきは、森長には辛かったろう。

「明石愛老園に入りまして、もう二カ月近くになり、そろそろ環境に馴れるころなのですが、ご承知の通り孤独性がつよく、若い時からの身の上のしからしむるところと同情はしていますが、何とか早く集団生活になじんで感謝して毎日を送ってほしいと願っています。先生からも折りがあれば、はげまして下さい」

むろん森長のことだから、はるに励ましの便りを書いたにちがいない。「森長資料」にはるからの書簡は一通もなかった。

一九六七年三月二七日、森長の許へ久しぶりに田村牧師からはがきが届いた。

「前略　小松ハルさんの事についてはいろいろ御高配を頂きましたが、ご承知の通り一昨年秋から明石愛老園というキリスト教の老人ホームで老後を養っておられましたが、最近健康がとみに衰え、一昨三月二五日午後七時五十分急性肺炎にて永眠せられました。昨日同園にて葬儀を終わり、改めて当教会で追悼式を行う予定でございます」

はるは八三歳になる直前だった。

四回にわたってはるに会い、貴重な話を聞いたのは大野だけだった。はるが亡くなる前年の一九六六年二月、大野は「あきらかにする会ニュース」第一二号に「小松はるさんのこと」を寄稿し、はるの生い立ちから明石愛老園に移るまでの歩みを綴っている。インタビューで聞いた事がらが中心だが、「大逆事件」の傷痕を全身にまとったようなはるの人生を淡々と描いた味わい深い文章で、大野の軟らかな感性を感じさせる。四月一六日に洛西教会で行われた追悼式で、大野の「小松はるさんのこと」が紹介されたという。追悼式にはいるべき今泉の姿が見えなかった。はるの亡くなる八カ月前の六六年七月に今泉は召天していた。

大野ははるの没後、すぐに四月一九日付の『高知新聞』に追悼記事を書いている。『楽天囚人』をもらったときの「老いて白く小さな手と、ささやくようなかすれた声が今またよみがえってくる」と書き出されている追悼記ははるを知らない読者の心にも染み入ってくる名文である。

森長は一九六七年八月一日発行の「あきらかにする会ニュース」第一五号に、はるの訃報と京都洛西教会で追悼会が行われたことを報告したあと、こう記している。

「大逆事件関係者の未亡人であることをひたかくしにかくしてこられた、はるさんを、私達が世間に引出し、名乗らせたようなものであったが、その結果、はるさんは心の安らぎを覚えて、亡くなられたのではないかと、勝手に思っている」

森長はいつも被害者のことを思いつつ動き、表現するが、それは当事者にとって真に良かったのかを自問しながらだった。

はるの死から七カ月後の六七年一〇月、二〇年にわたって彼女の世話をした牧師・田村貞一が追いかけるようにして召天した。

大野は、はるの聴き取りだけでなく、森長の依頼で小松と岡林が勤めていた神戸のかつて夢野村というところにあった神戸海民病院の所在地の確認をした。森長の「大逆紀行」では後身の湊川精神病院になっていたことはわかっていたが、元の神戸海民病院の所在地は確認できず、宿題になっていた。森長は大野の綿密な調査能力を信頼していたのだ。彼女はそれに応えた。

森長宛ての大野の報告の中には、すでになくなっていた半世紀以上前の神戸海民病院の全景写真の写った絵はがきが入っていた。今泉からの提供だったが、絵はがきの下段には「THE KOBE SEAMAN HOSPITAL」と印字されてある。絵はがきはかなり貴重である。わたしはそれを見て、小松や岡林の勤めていた神戸海民病院が初めてイメージできたのだった。絵はがきにある神戸海民病院は木造二階建ての病院だった。

大野は六五年一〇月のはるの聴き取りの中で、神戸海民病院の場所を訊ね、今泉からも話を聞き取って、それを頼りに三度神戸へ行き、周辺を歩き回った。また地元の人らに訊ね回って病院のあったところを詳細に図にし、絵はがきとともに森長に送った。

神戸海民病院についての一連の調査報告の内容は絵はがきを含めて、ジャーナリストでいえばいわばスクープである。「大逆事件」の被害者の全体像をつかむために森長が知っておきたいと思っていた背景の一つが、大野の働きで明らかになった。苦労人の森長は大野の綿密な聴き取り、調査にかかった旅費などにも配慮し、細やかな心遣いをみせていたようで、それは大野の書簡からも感じられる。

国家の作ったウソの物語によって人生をずたずたにされ、寧日のときを持つことのなかった女性と、彼女に何十年にもわたって手を差しのべつづけた二人の献身的なキリスト者がいたことを、森長の一通の投稿によって後年のわたしたちは知るのである。そしてはるの生涯を通して「大逆事件」の被害とその影響の深さ、広がりが想像以上に深刻であり、事件が生きつづけてあることを森長は改めて気づかせてくれた。その陰には森長の思いに促された、「大逆事件」を知らなかっただろう一九三一年生まれの一人の女性の働きがあった。

大野は大学では英文学の専攻だったが、小松はるへのインタビューや神戸海民病院の調査の体験から近代史に魅かれ、翌年東京の出版社の明治文献に入り、『幸徳秋水全集』（別巻二、補巻一を含め全一二巻）の編集に携わる。入社には森長か、高知出身の塩田庄兵衛のどちらかの協力があったようだ。

『幸徳秋水全集』は大河内一男を編集代表に森長、塩田、絲屋寿雄、大原慧、小松隆二さんら七人が編集委員になって六八年から刊行がはじまり、七三年に完成した。秋水の全集は戦前、二度いずれも弁護士・山崎今朝弥の編集で刊行されている。伏せ字だらけで量的にも十分ではなかったから、ほぼ完全な秋水全集の刊行だった。「大逆事件」の再審請求が後世に残した大きな仕事の一つで、若くして編集委員に加わった小松さんによれば、それは『芻言』に託した今村力三郎の無念の思いを引き継いだ鈴木義男が、森長に伝えたところから結実したのだという。

大野は小松はるのときと同じように歴史に残る大きな仕事を裏方で支えたが、それは森長との出会いがあったからだ。大野はその後、森長の世話で東京弁護士会の図書館に入り、司書として森長の助手のように働いた。

名古屋に伊串《いぐし》英治という一八九九年生まれの老アナキストがいた。わたしは彼の名は「大逆事件」の被害者で、秋田監獄で縊死した真宗大谷派の僧侶・高木顕明の取材の中で知った。大谷大学の教員だった泉惠機《しげき》さんから、顕明の名古屋時代を最初に発掘した人として伊串を教えられたのだ。

森長は「大逆紀行」で顕明が住職をしていた浄泉寺を訪ねているが、その折りには顕明の生年が一八六四年で、新宮へ来たのは九七年ということがわかっている程度で、出自や名古屋時代のこと、新宮へ来た経緯、遺族のその後などについては、ベールに包まれたようでほとんどつかめなかった。「大逆事件」の被害者だからこそ、その空白を埋めなければならない。森長はそう思ったことだろう。

「森長資料」の書簡の森を探っていて、森長が伊串に高木の調査を依頼していたことがわかった。森長の人脈は幅があり、アナキストから社会主義者、社会民主主義者、共産主義者、自由主義者まで広がっていたから、古いアナキストの伊串を知っていても不思議ではない。

伊串から森長宛てのはがきが二五通残されてあった。すべてが顕明についての調査報告で、ほとんど毎週のように発信されていた。それを読んでいくと、森長が調査の項目を伝え、アドバイスをし、それによって伊串が動いていることがよくわかる。

伊串からの第一信は一九六五年一二月一〇日付で、豊橋からである。大きな字で七行、全文でも八〇字ほどでいたって簡潔である。

「高木顕明の遺族はわかりません。私も一応は調べましたが、中途半端の調べに終わっております。高木顕明を本格的に調べた人は一人もいません。残念に思っています。お言葉に甘えて頂いておきます」

森長が旧知の間柄だったと思われる伊串に高木顕明と遺族についての調査を頼んだことがこの文面でわ

かる。伊串も早くから顕明については愛知県社会運動の最初の被害者とみて、関心を持って調べようとしたがほとんどわからず断念していた。「一応は調べました」とはがきにあるのはそのことだった。最後の一行は森長が調査にかかるなにがしかの費用を送ったことへの礼だろう。伊串のはがきからは、日々爪に火を灯すような暮らしで、赤貧の中にあったことが垣間見える。

年が明けた一九六六年一月一八日付の伊串のはがきには「高木顕明についてお知らせ下さいましてありがとうございます。ご教示により、調査いたしまして、結果をお知らせいたします」とある。伊串はすぐに動き出すが、調査は非常に難航をきわめる。彼からの報告は簡潔すぎて、森長との間でしか通じない記述が少なくない。補いながら追っていく。

「現在、〔名古屋市〕中区役所戸籍係調査の結果、高木の遺族一切記載なし。〔顕明の遺族が新宮を追われた後に住んだところとして森長がつかんでいた中区と西区の両区役所での調査からはじめたのだが〕この点不明です。〔顕明の関係した寺のある〕常滑《とこなめ》市、津島市、西春日井郡西枇杷島《にしびわ》の役場は、皆一日がかりです。交通ヒにおどろいています。役所の戸籍と寺院関係三ケ寺と学校と遺族の行方。これは大変な仕事であることを知りました」(二月一日発信)

早くも音を上げたように書くが、六七歳の伊串はなかなか意欲的だった。仏教史研究者の吉田久一の『日本近代仏教史研究』に、顕明が一八八五、六年ごろに名古屋真宗学校を卒業したとあるのを森長に教えられ、その方面を調べた報告が二月八日のはがきにある。

「けさ、尾張高等学校を訪ね、前田教頭より明治一一年より同四三年迄の尾中卒業名簿を借りて閲読した。だが山田、高木の姓名は見いだせず、がっかりした。ついては、吉田久一氏は卒業の年月の資料の根拠をばどこよりえられたものか、出典事項を問い合わせ証明してもらってほしい」

「山田」という姓が出ているのは、髙木は元山田姓だったからだ。吉田の本にある名古屋真宗学校は、東本願寺（真宗大谷派）別院境内につくられた「尾張小教校」が前身で、その後に尾張高校になったことが森長の調べでわかり、伊串に伝えられていた。伊串はこのはがきの表面の余白に「あすは、（名鉄）犬山線中小田井《なかおたい》駅下車、そこの役場で証明をとり、寺の関係を洗い、郷土の史家を訪ねると一日仕事になるでしょう。寒さ身に応えます」と書き添えている。二月の名古屋の気候は今よりうんと冷えこんだ。

一週間後の二月一五日発信のはがきには、顕明の本籍地の戸籍謄本を入手し、山田家から養子に行った先が名古屋市中区下前津町の髙木義答だと判明したが、戦災により焼失したと報告し、お先真っ暗のような文面である。しかし義答には礼譲という弟がおり、分家して一八九一年八月に和歌山県・新宮町へ転居していることがわかったと記している。追っかけるように二日後の二月一七日には一九四五年三月一二日の名古屋空襲で戸籍簿が焼失しているので、顕明がいつ新宮へ移ったかまったくわからない、新宮市の戸籍を調べてほしいと森長に頼んでいる。森長はすぐに新宮の仲原清に調査を依頼し、仲原から報告が届く。

森長からの返事を待つ間もなく伊串は二月二四日、顕明の遺族の妻たしと養女加代子のその後を調べ、「妻は名古屋で死亡。加代子は六、七年か一〇年ほど音信を断っている由。ただいま調査中」と報告し、「寒風ふきすさぶ中で歩いているとヒシヒシ身にこたえてくる。山田（後の顕明）の幼少年時代の調査は困難で頭を悩ましています」と訴える。それから一カ月近くした三月二一日発信の伊串のはがきを受け取った森長は、調査が具体的に進んでいることを知る。それには箇条書きでこう記されていた（年号表記は西暦に直した）。

高木顕明
(一)本名　山田妻三郎。
(二)僧名　山田顕明　一八八〇、八一、八二年尾中(尾張高校)卒。
(三)一八八二年、田島家へ養子にいき、同九三年まで、田島妻三郎。
(四)一八九三年田島家離籍後、改名し高木家へ養子にいき、以後高木顕明。
(五)高木たし　名古屋で一九二三年一〇月死亡。
(六)高木加代子さんを訪ね、会った。
(七)ただいま、山田の生地、小学校、寺院など調査中

この報告で顕明の出生時の名が山田妻三郎、僧名が山田顕明、そして田島家、次いで高木家へ養子に行ったことがわかった。伊串の粘り強い足で歩いてようやく判明した結果だった。養女の加代子に会ったというのはニュースだったが、伊串は加代子にいつ、どこで会ったかを書いていない。伊串もここまでくると、もう少し追っていきたくなった。

三月二七日付のはがきには、顕明が生まれ、養家のあった愛知県西春日井郡下小田井村(現・名古屋市西区)周辺を尋ね歩いたが、山田妻三郎や田島妻三郎を知っている人はおらず、聞き及んでいる人もいなかった。「三三年間もいたのに」と伊串は嘆いているが、六〇年から一〇〇年も前のことだったからやむを得なかった。

伊串は調査に誰も協力者がいないとぼやきつつ「それでも根気よくねばったので、名前も言わず名刺も出さないが、顔だけは知られてしまいました」と、少し胸を張ったように三月二七日付のはがきに書いている。顕明が卒業したと予審判事らに述べている尾張小教校の卒業生名簿にその名が見当たらないことが伊串には不思議だった。調べが足らないのかもしれない。森長宛ての報告には書いていないが、伊串は尾張小教校の後身の尾張高校では卒業生名簿から顕明の名前を捜すのに大変な苦労をしていた。

第一回目は顕明が卒業したと思われる年度に合わせて、名前と住所を見落とさないように半日がかりで卒業生名簿を一枚ずつ丹念に追っていったが、見つからなかった。伊串はめげずにもう一度尾張高校へ行き、さらに集中して顕明の名を捜した。四、五時間かかったが、結果は第一回と同じだった。諦めきれない彼はもう一度挑戦する。三度目に訪れたときに、一八八〇年五月に出来ていた卒業録を初めて閲覧したところ「尾張国名古屋区新道町、法蔵寺衆徒・山田顕明」が一八八〇年五月一〇日に入学し、一八八二年一二月二一日に卒業したと記載されているのをついに発見した。苦労が実った。一枚の写真も残っていない伊串だが、その瞬間の表情は爆《は》ぜたようだったろう。

山田顕明が高木顕明であることは間違いないだろうが、それでも伊串は慎重だった。名古屋空襲で被災後に再建された法蔵寺を訪ね、確認を取った。同寺が山田家の菩提寺で、顕明は尾張小教校で高木義答・礼譲兄弟とは同窓で、かつ同郷だった。これらの調査の経緯は、伊串が名古屋で発行されていた地域誌『広小路文化』に書いていた。

顕明が高木家へ養子に行ってから新宮へ行くまでの足跡について、一九六六年四月六日付の伊串のはがきでは、顕明の養子先の高木義答の弟の礼譲が一八九一年から九八年まで新宮にいたこと、礼譲は僧籍を離脱しているとも書いてあった。顕明が新宮へ行ったのは九七年であるから、顕明が浄泉寺の住職になったのもそのころと推測は出来ないこともないが、伊串の調査はあくまでも名古屋時代の顕明の歩いた道であった。

四月六日付のはがきで、伊串は一回調査に出かけると飲まず食わずでも交通費などで一〇〇〇円が飛んでいくと訴えている。森長はすぐに三〇〇〇円を送った。

「お手紙を開いてビックリ。三千円という大枚です」「苦しい中を割いてまで頂く金は貴いので厚く御礼申し上げます」

再審請求で森長の家計も火の車だった。

その後の伊串の調査で、顕明は山田佐吉とカトの間の三男で、二人の姉妹がいたこともわかった。顕明の結婚は早く、尾張小教校の卒業直前の満一八歳のときに田島治助の一人娘のきょうの婿養子になり、卒業すると同時に、向学心の強かった顕明は、海部《あま》郡神守《かもり》村（現・津島市神守町）にあった養源寺住職の神守空観に師事して真宗を学びつづけるが、尊敬していた空観が一八八八年二月に亡くなった。九カ月後の一一月には妻のきょうが病没する。顕明は同じ年に師と妻という二人のたずきを喪った。このショックは大きかっただろうと伊串は想像する。顕明がそれ以後、四年ばかり高木義答・礼譲の道仁寺など三カ寺を放浪するように転々としたのも、二人を喪った影響を克服していこうとしたのかもしれない。

一八九三年夏に顕明はいったん生家の山田に復籍し、すぐに義答の養子になり高木顕明となった。顕明が新宮の浄泉寺の住職に就任したのは、仲原の調査で九九年とわかり、その前に新宮の松沢炭鉱へ布教で行ったことは伊串も知った。新宮での歩み、権田《ごんだ》たしとの再婚、加代子を養女に迎えたことなどの事情《いきさつ》は伊串の調査の範囲を超えているが、事件後のたしと加代子については名古屋との関係で少し調べてわかった。

顕明が一九一四年六月二四日に秋田監獄で自死した後、妻たしは顕明の遺品を山田家の菩提寺だった法蔵寺に寄贈したが、それらの遺品は名古屋空襲で焼失してしまった。たしは二三年一〇月二一日に名古屋市西区堀内町の実妹宅で亡くなっている。

一九〇一年生まれの加代子について伊串は、二月二四日の報告では行方知れずのように報告しているが、三月二〇日には彼女の所在を確認し、会ったと書いている。いつ、どこで、どういう経緯で会ったのかは、残されている彼のはがきからはわからないが、加代子とはその後もやりとりをしていたようだ。四月二二日投函の森長宛てのはがきでは、加代子が用事で神戸、奈良へ出かけ、その帰途に知多郡大野町に住む養母たしの実弟に会ってくると連絡してきたと知らせている。

加代子の居所ははがきにはないが、「帰ってすぐにそちら〔森長〕へ墓と戒名とその場所をお知らせすると言ってこられました。その報せを楽しみにお待ち下さい」と認めてあった。森長は楽しみに待っていたが、加代子からは音沙汰がなかった。六月二〇日、伊串は顕明の墓は名古屋にはなく、「顕明とたしの墓は浜松市にしかありません」と突然のように墓の所在地を伝えてくるのであった。なぜ浜松で、誰が墓を建てたのか。三カ月後の九月二六日の伊串の報告でいくつかの疑問は解けた。

「浜松市元浜町九一、高木加代子。私からハガキで加代子女史宛て、森長弁護士へ墓碑と場所を知らせてもらうように頼んでおいたことを、お会いになられたらそういってほしい」

伊串は三月に名古屋で加代子に会い、顕明とたしの墓を同地に建立していたことも教えられたと思われる。伊串が浜松まで行ったのは、一〇月一日である。豊橋まで調べものに来て、足を延ばして浜松まで行き加代子に会い、遺族のことを聞いたと報告しているが、詳しい中身は記されていない。伊串は髙木の墓のことについては何も報告していないので、墓参はしなかったのだろう。その折りに弁護士・森長が、「大逆事件」の被害者の遺族のことを調べていることどもを話している。

「お便り有難う御在います。厚く〳〵御礼申し上げます。伊串様より色々とおきかせ頂き、ほんとうにうれしく思って居ります。皆々様の御かげで五十七年ぶりに父の事がわかり何とも云えぬうれしさで御座います。父の墓は家の近くですので、御出で下さる日は駅まで御むかいに上ります。〔中略〕父の墓は髙木家先祖代々の墓として御座います。六月二十四日は存じて居りますが、何年のという事がわかりませんので、書いておりません。御目にかかり御礼申上げます」

一〇月一八日、森長の許へ加代子から初めて便りが届いた。伊串から加代子の住所を教えられた森長は確実に返ってくるようにと、往復はがきで加代子に便りを出した。森長からの往復はがきの「返信」用を使った加代子のはがきの文面からは、伊串と森長への感謝の気持ちが、優しい文字から溢れている。

加代子はこの年、満で六五歳だった。新宮出身のたしと加代子母子は夫と父を奪われ、寺を追われて名古屋へ行き、母はその地で亡くなり、九歳で生地を去らねばならなかった養女が浜松の地で暮らしているのか。家族を巻きこんだ悲劇と流転、「大逆事件」の相貌の一つであった。森長はそれを思うと浜松の加代子に会い、墓参したかったにちがいないが、再審請求の決定やそれに伴って起きた「架空合議事件」などであまりに多忙過ぎて、浜松へ足を運ぶ時間がなかった。その代わりに森長から頼まれた新宮の仲原清が浜松へ行き、加代子が市営墓地に建立した「髙木家先祖代々之墓」に墓参し、天理教式の墓だったと森長に伝えている。実際、加代子は天理教の信者になっていた。
「森長資料」には、加代子からの書簡は一〇月一八日付のはがき一通しかない。浜松にあった高木家の墓が真宗大谷派によって新宮の南谷墓地へ引っ越したのは、ずっと後で顕明の擯斥処分が解かれた翌年の一九九七年である。加代子は七二年に亡くなっているから、養父の処分取消も墓の移転も知らない。

一九六六年六月発行の「あきらかにする会ニュース」第一三号に伊串は調査レポート「高木顕明の名古屋時代」を寄稿した。森長からの要請である。中間報告だったが、顕明の出自から新宮へ行くまでの軌跡を、悪戦苦闘しながら初めて明らかにしたレポートだった。伊串は報告の末尾で加代子に一言触れ「今年六十六歳で、浜松市に健在である」と記しているが、「大逆事件」の被害者遺族の年齢と健在を知って、事件のことを改めて思い返した読者もいただろう。経済的に苦しい中で森長の要望に応えた、一人の老アナキスト伊串の精力的な踏査の結果は、次の世代に引き継がれるきっかけになった。

それから四年近くした七〇年一月初め、森長の許へ京都の大谷大学学生の高木道雄から卒論で顕明を取り上げるので、伊串のレポートが掲載された「あきらかにする会ニュース」を送ってほしいという速達が届いた。高木は伊串レポートも参考にしながら卒論を書き、それがそのまま新宮の地元紙『熊野商工新聞』の七一年一月五日から一五日まで連載で掲載された(『熊野誌』第五七号に転載)。

森長は七一年一二月発行の「あきらかにする会ニュース」第一九号で、高木論文について、伊串の報告を参考にしながら、彼のレポートのタイトルもなく、「あきらかにする会ニュース」にも触れていないと指摘した。末尾では「卒論も公表するからにはいま少し先人の仕事に敬意を表してもよいと思うが、いかが」と若い学徒に辛口のお灸をすえている。森長からすれば、寒風に震え、貧しさのために炎天下に氷水も飲まずに歩き回った伊串の苦難の調査を知っていたからである。森長の叱責は当然だったが、「大逆事件」で大谷派教団から擯斥処分にされた顕明を同じ宗門立の大谷大学の学生が卒論ではじめて取り上げた意欲と、「あきらかにする会ニュース」に載った伊串レポートに気づいた意識と感覚は評価していいように思う。国家に荷担して顕明を追った本山は、当時はまだ再審請求にも伊串のレポートにも無反応だったのだから。

伊串は高木道雄からの依頼も、卒論も知らなかった。彼は調査の結末の報告もできないまま一九六八年八月三〇日、六九歳で亡くなっていたから。

森長は多くの本を世に問うてきたが、中にガリ版刷りの私家版の小冊子が三冊ある。どれも今では入手困難だが、とりわけ難しいのは一九六七年三月一五日刊行の『風霜五十余年』である。森長は再審請求と並行して、遺族や墓を尋ねる旅をつづけ、また大野や伊串や仲原らさまざまな人たちの協力を得ながら、事件の広がり、深さの実相を丹念に調べ、折りおりに「あきらかにする会ニュース」で報告してきた。『風霜五十余年』はより詳しく二六人の生と死、事件から五十数年の遺家族の苦難の歩みなどを綴った貴重な記録である。

わたしは二〇年ほど前には大岩川嫩さんから借覧し、コピーしか持っていなかった。現物を入手したのはごく最近で、小冊子の孔版刷りをした協力者の仲原清の子息の夏生《なつお》さんから「保存」と書かれた一冊を頂いたのである。もともとわずかしか作らなかった限定本で、評判になって森長の予想を超えて短日月でなくなってしまった。当初はマスメディアでは紹介されなかったが、『日本読書新聞』と『和歌山新聞』だけが報じた。反響は大きく、足らなくなった。森長はしかし増刷しなかった。

本文わずか五四頁の小さな本がなぜ、反響を呼んだのか。一九六〇年からはじまった再審請求運動が長くつづき、裁判は高裁で棄却され、最高裁に特別抗告していた最中で、「大逆事件」への関心が高かったというタイミングの良さはあった。それだけではない。事件に関心を持っていた人たちでも、秋水や管野須賀子ら名の知れた人物以外の、天皇等危害罪で起訴された被害者を知っている人は多くはない。どんな人たちが国家犯罪に嵌《は》められてしまったのか、また遺家族らがその後どうしたのかについても知りたかったのである。

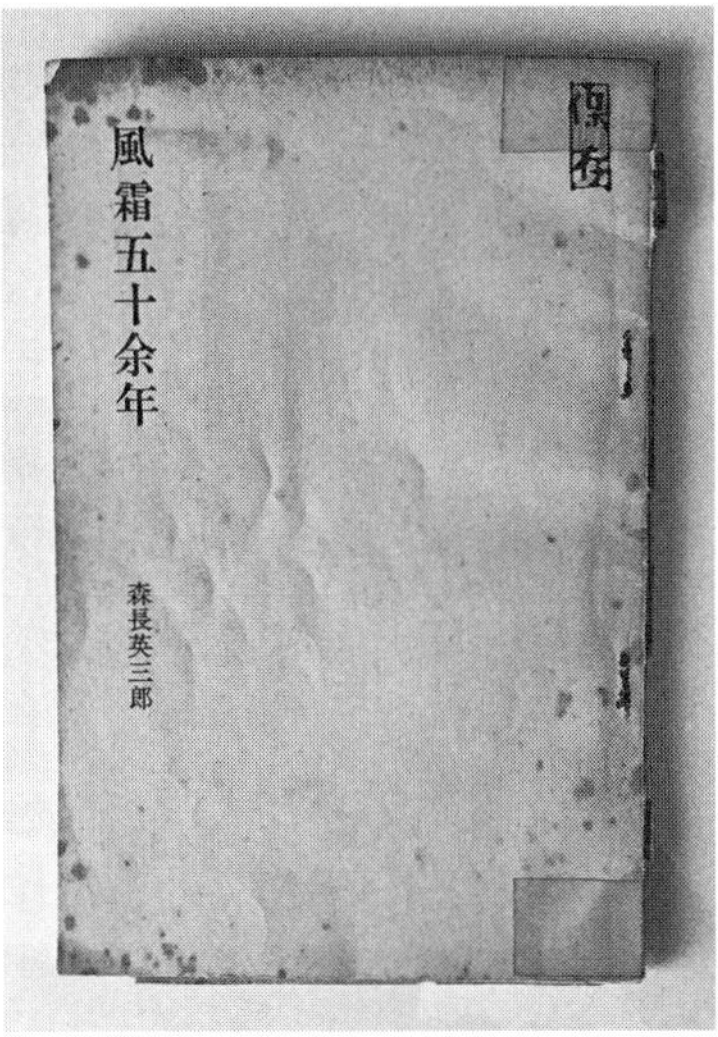

『風霜五十余年』（著者所蔵）

一九六七年五月一五日の『日本読書新聞』の記事は「風霜五十余年　大逆事件の周囲を綿密に調査」の見出しで、森長の本の意図を紹介している。

「大逆事件から半世紀が過ぎたが、墓誌と被告人の家族関係を綴った『風霜五十余年』が発行された。被告二十数名の家族関係、墓地などがたんねんに調べられている〔中略〕はしがきで著者森長英三郎氏は「私はただ遺族たちをはげましたい。また苦しんで死んだ人たちの霊を弔いたい、そういう気持ちだけでこの小冊子をつくった」といっている。そして「後世の人々に残しておく義務を感じた」と続けている」

この記事を読んで直接森長に注文してきた読者が相当にいた。『風霜五十余年』の「はしがき」で部数は二〇〇部限定、増刷はしない、複製も「おことわりすることに決めた」と森長は覚悟の上の出版だったように書いている。小部数、増刷せず、複写もダメの「おことわり」の意味は、とても深刻だった。

わたしが森長のこの小冊子に出会って事件の被害者の一世紀を「道行き」しなければと思ったのは、『日本読書新聞』の記事とはちがって、「はしがき」の冒頭の一節を読んで心揺すぶられたからだった。その部分はすでに拙著『大逆事件』(岩波現代文庫)で紹介しているが、『風霜五十余年』を読む機会は一般にはあまりないかもしれないので、再び引いておきたい。

「大逆事件が政治、社会、文学、さらに国際的に与えた影響についてはは十分に研究されてきたが、これは大逆事件の影響の半面にしか過ぎない。大逆事件によって、多くの被告人の家族たちや、死刑を免れた被告人たちが、官憲の圧迫や官僚政府の教宣によって、どんなに苦しんだか、その苦しみにたえたかを明らかにすることなしに大逆事件の本質はつかめない。そして遺族たちの苦しみは五十余年後のいまも部分的にはつづいていることをおもうと、大逆事件が世紀の大事件であったことを、いまさらながら痛感するのである」

この一節に接したとき、わたしは、事件そのものだけではなく、それがもたらした影響の深さと長さと広がりを明らかにしなければ、「大逆事件」の本質をつかめないという森長の指摘に、事件を見つめる視角と距離を教えられた。森長の「大逆事件」にかかわる歩みをたどって、改めてこの一節を読み直すと、森長には「五十余年」後もつづく遺家族の痛苦を記憶しつづけるためにどうしても記録しておかねばならないという思いがたまり、その心情が『風霜五十余年』を書かせたのだと気づくのである。だから『風霜五十余年』は、再審請求が高裁で棄却されてしまったが、決して沈黙はしないという森長の最初のメッセージのようにわたしには読めるのである。

森長はだがこの一節のすぐ後に、小冊子には事件の深刻さや広がりまでを明らかにしようという意図はない、それは「別の人」がやるだろうとつづけている。たしかに五〇頁そこそこで、起訴された全遺家族の実相を表現することは不可能だが、『風霜五十余年』で伝えている二六人の生と死、墓誌に刻まれた字句を淡々と伝えながら、ときにひょっと森長の心情が顔をのぞかせる記述に出くわすと、そこにわたしはこの小さな冊子に託した森長の思いを知る。

再審請求人の坂本清馬のことが、「はしがき」の中で「附」として最初に取り上げられている。清馬は、存命中の唯一の直接の被害者で、まだ特別抗告中の再審請求人であったからだ。二五歳のときに事件に巻きこまれた清馬は、死刑判決を受け、無期に減刑されて死はまぬがれたが、一九三四年一一月に二五年ぶりに仮出獄したときには、父母はすでに亡くなっていた。ただ一人の姉が出迎えただけだった。その姉も清馬が六一年に再審請求した直後に、他界してしまった。

このわずかな事実を読むだけでも、清馬の生が「大逆事件」にもみくちゃにされた「まことに悲痛な波瀾に富んだ半生であって、大逆事件のために一生を費やしてしまったのである」という森長のことばがずんと響く。「はしがき」の末尾で森長は「この本を五十余年の苦難に堪えてきた多くの大逆事件の遺族の方と、八十歳を超えて健在の坂本清馬氏におくる」と書くのであった。

本文は前に見た刑場跡の簡単な歴史と慰霊塔建立のいきさつからはじまり、幸徳秋水、管野須賀子(3)、森近運平、宮下太吉とつづき、有期刑だった新田融まで二六人全員について記し、追記として奥宮健之の妻の戸籍名と墓に書かれてある名前の違い、妻の死亡日時まで丁寧に書き加えている。それだけではなく、本文では印刷に間に合わなかった、小松はるの死亡と、成石勘三郎・平四郎兄弟の記念碑の建立年月日、六七年三月二二日を差しこみメモで入れている。

『風霜五十余年』は全被告のそれぞれの生い立ちや遺族の状況、墓碑建立に対する弾圧、戦時中には特高が墓参者の名を調べに来たという話なども織り交ぜて記述されているが、簡単な記録ではあっても事件から五七年、読者の多くは全員の被害者について初めて知ることばかりだったろう。

判決からわずか一週間後に東京拘置所の刑場で死刑に処せられた一二人の刑死時刻(絶命時刻)を、森長は正確に記録しているが、これも初めて知った読者が多かっただろう。森長は該当市町村に問い合わせ、その報告の書信が「森長資料」に一部あるが、死亡時刻はそれらに拠ったのだろう。森長の記述にしたがって一二人の死亡時刻を記しておきたい。

▼一月二四日午前八時六分　幸徳秋水、八時五五分　新美卯一郎、午前九時四二分　奥宮健之、一〇時三四分　成石平四郎、午前一一時二三分　内山愚童、午後一二時一六分　宮下太吉、午後一時四五分　森近運平、二時二三分　大石誠之助、二時五〇分　新村忠雄、三時二八分　松尾卯一太、三時五八分　古河力作、一月二五日午前八時二八分　管野須賀子

二四日午前八時過ぎからはじまった一一人の処刑は、三〇分から一時間の間に一人ずつ執行され、真冬の夕暮れ時まで終日つづいた。残酷な死刑執行に慄然とする。

森長は、『風霜五十余年』では事件の傷痕を記すのが目的ではなく遺族を励まし、無念のうちに亡くな

っていった人びとを弔いたいためだというのだが、それでもあまりの傷の深さに筆が抑えられない記述もある。事件の発生時点から当局に痛めつけられ、事件後には一家が離散し、朝鮮や大阪などで妻や子が亡くなった松尾卯一太の遺家族の状況について、森長は怒りさえ露わにする。「じつに大逆事件の傷跡の多い一家で、松尾家をみるとき、私たちは大逆事件のデッチ上げにさらに憤りを感ずる」。

森長らしい配慮もうかがえ、監獄で縊死した顕明について「不慮の死」とのみ記し、目的どおり励ましのことばも忘れない。事件によって迫害を受けた﨑久保誓一の長女あやが、理解のある夫（﨑久保睦男）と結婚し「幸福な生活を送っている」、岡林の末妹の松本晃恵は「墓を守りつつ安らかに余生を送っている」。遺骨が寺に預けられたままの飛松與次郎については、「反坪の墓地を与えて、木の墓標でも建ててくれるとありがたいと思う」と記す。二〇一四年に、飛松を含めた熊本の四人の被害者を記憶していくという意味で、「顕彰碑」が建立された。『風霜五十余年』からほぼ半世紀後である。これにはオーストラリア在住のデービットソン・みゆきさんの尽力があった。森長の思いは、時の流れに流されなかった。彼の問いかけをすくい上げる人たちが現れてきたのだから。

『風霜五十余年』で森長は被害者一人ひとりについて一頁から多くて二頁半ぐらいで生と死、遺家族について紹介しているが、管野だけは七頁近く割かれている。彼女の出自や家族の関係がとても入り組んでいることなどで、森長も相当に手こずったからである。

管野の遺骨は妹のヒデが埋葬された渋谷の正春寺にあったが、岡山県のとある人物が一九四一年二月に遺骨を引き取って、県内の某所に埋めたというミステリアスな話があり、その経緯を書いたからでもある。かつては須賀子の墓所には木の墓標があったようだが、いつしかそれもなくなってしまった。森長は墓標もなく、墓石もないので、木の墓標でも再建したいと思っていたようで、その動きのあることも小冊子に記している。『風霜五十余年』から四年後の一九七一年七月、森長の願いは全国から一七一人の寄金によって記念碑の形で実現する。自然石の碑の表には管野の獄中歌「くろかねの窓にさしいる日の影の移るを守りけふも暮らしぬ」(堺利彦書)が刻まれた。

この小冊子のタイトル『風霜五十余年』は、内容を知ればすぐに了解できるが、成石勘三郎・平四郎兄弟の記念碑の撰文にある「風霜ここに五十余年、いま兄弟のために碑を建てて無告の幽魂を弔う」から採ったと、同書で明かしている。風霜五十余年からさらに茫茫《ぼうぼう》五十余年になろうとしている。

「森長資料」には、個人からの書簡とは別に、『風霜五十余年』関係の書簡だけをまとめた箱があり、そこにはこの小さな本への感想、礼状、注文などが一二〇通ほどある。森長は遺族らには贈呈したが、彼の励ましたいという思いは届いただろうか。

「亡父卯一太も草場の陰から皆々様方のご理解とご厚情のほどに感泣していることと存じます。此処に五十余年、今にして初めて大逆事件の犠牲者の方々の霊も安らかに眠られ得るものと察する次第であります。早速折を見て里の亡父の墓前に参じ「五十年史」を供し報告する所存、ご了承願わしく存じ上げます」。松尾卯一太の長男からの礼状である。

飛松與次郎の遺族からは「父飛松與次郎の記事を拝見いたしまして涙が出ました。寺にあずけてある遺骨を何とかしたいと思っております」と感謝の手紙が届く。

崎久保睦男の礼状は具体的で森長の苦労までも慮《おもんぱか》る。「墓のことについてこれまでまとまったものがなかったようで、ご本はこれらにより詳しく、また私ども知りたくても知り得なかった故人と遺族の関係はこれによって悉《ことごと》く知ることが出来ます。喜びに堪えません。書き上げるまで御調査には大変ご苦心なされたことでございましょう。御多忙の中にも坂本様や遺族を思い、励まされる御厚志感謝に堪えません」。

これらの感想は『風霜五十余年』が遺族らにとって紙碑とも受け止められたからだが、同書を手にしたすべての遺族が感謝したわけではない。一部ではあったが、激しく反発した遺族もいた。そっとしておいてほしかったと伝えてきた遺族、中には焼き捨てた遺族もあったという。

「著者は遺族励ましのお気持ちかしらないが、私個人としては遺憾」であり、事件の被告人になった肉親に対しても、家族の生涯を苦難に落とし入れたと恨んでいるという遺族もいた。誰も知らない家系のことまで詳しく書き連ね「傷つけられた感じこそすれ、何がはげましでしょうか」と森長の思いをはねつけ、ぴしゃりとシャッターを下ろしてしまった遺族もいた。

『風霜五十余年』には書かれていないが、成石平四郎の孫の岡功が森長に教えられて、ある遺族を訪ねた。静養中という理由で会えず、手土産も受け取ってもらえず、いつなら面会できるかと問うても、確かな返事をもらえず、岡は会いたくないのだろうと思った。わたしはそんな話を存命中の岡から聞いたことがある。おそらく森長も知っていただろうが、遺族間の温度差などでは片づけられない心の深淵、闇であろう。

国家の仕組んだ事件の被害者であっても触れられたくないという思いを持ちつづけている被害者遺族とどう接するのか。『風霜五十余年』では、被害者の家系という個人のプライバシーに踏みこんでいるケースも少なくなかった。プライバシー裁判をやった森長があえてそこに踏みこんだ。

森長は『風霜五十余年』を書くに当って、被害者や遺家族のことを「十」知りながらも「一」しか書かなかった、また何も書かなかった人もいたという。踏みこまねば明らかに出来ないと考えたケースでは、死者と遺族の関係に触れる部分についてプライバシーの侵害になるのではないかという危惧を持ってはいた。だから遺族の反発を受けたときには、尊重したいと「あきらかにする会ニュース」(第一五号)で率直に反省する。おそらく想像した以上の激しい反発に出会って、森長も改めて「大逆事件」の傷痕の深さを思っただろう。

小松隆二さんが残していた森長からのはがき(一九六七年五月一一日付)には、『風霜五十余年』に対する遺族からの批判にふれて「一部遺族の御尤もな抵抗があり、いやになりました。大逆事件もやめようと思ったほどです」とまで書かれてあった。若き研究者に辛い胸の裡を明かすほど、森長は苦しんだ。二〇〇部限定、増刷はせず、複写による拡散も「おことわり」は、森長のぎりぎりの心ぐみだったのだが。

森長には、東京第二弁護士会の同人誌『霧月通信』(一九六八年一一月号)に寄稿した「書かれざる断章」(新宮市立図書館「仲原寄贈資料」)という深刻な文章がある。そこでは、『風霜五十余年』では書かなかった遺族の思いが触れられている。具体的な引用は避けるが、森長が「書かれざる断章」の冒頭で、「大逆事件」には忌避の空気が半世紀を超える時を閲しても、なお国内のいたるところにあるのだから、『風霜五十余年』に反発する遺族がいるのは無理もないと書く。『風霜五十余年』はだからこそ書いたのだという。

森長の遺族を励ましたいという思いは、そういうことであった。遺族の中にも再審請求を支援し、積極的に名乗る人もいるが、むしろそういう人たちは多くはない。森長は反発した遺族の気持ちを「絶対のものとして尊重したいが」、それだから逆に被告にされた当事者と遺族の五十余年の痛苦について、知っている限りのことを記して伝える義務があるのではないかとも思う。

「書かれざる断章」の結語はしかし、悔悟さえ含んで苦渋に満ちている。「十数年にわたる私の大逆事件の遺族捜しも、私自身が、罪深いことをしていたのではないかと、深い心の痛手を負っていることに気付いたのであった」。

反世紀前の森長の心の揺れが今のことのように伝わってくる。

「森長資料」の書簡を読んでいた折りに、この小冊子を出して一五年後、よく知られた被害者の遠縁の一人が森長に宛てた一九八二年の年賀状が目についた。「大逆事件」のために両親が離婚に追いこまれ、幼子だった自分は生涯独身で通した父に育てられた。我が家の傷痕です、とあった。事件から七一年たっていたが、その事実を森長に伝えたのは、再審請求以後の彼の真摯な取り組みがあったからだろう。

『風霜五十余年』の表紙見返しのところに森長は聖句を献辞として置いている。ヨハネ伝第一二章二四節の有名な聖句である。

一粒の麦、地に落ちて死なずば、唯一つにて在らん、もし死なば、多くの実を結ぶべし。(4)

この聖句に接してわたしは、脊髄反応のように小松はるに手を差し延べつづけた今泉、田村の二人の牧師を想った。二人の牧師のおかげで、はるは生き永らえた。二人は一九六六年、六七年に相次いで召天した。彼らはそれぞれ「一粒の麦」として死したが、苦難を背負わされたはるの生と死を、わたしたちに余韻のように響かせ、少なくない実を今日にもたらした。

またわたしは、六八年に他界したクリスチャンではない伊串のことを想った。彼もまた「一粒の麦」であった。貧苦の中での懸命な調査が実って高木顕明の軌跡と加代子の存在がわかり、それらが後年の「復権」につながる実を結んだ。わたしはさらに大野みち代を想った。彼女は、遥か後年の二〇〇四年に亡くなったが、閉じられたはるの心の扉を開き、遺族の知られざるそこひなき傷痕をわたしたちに伝え、「大逆事件」の影響の克服という課題をわたしたちに与えた。

それぞれの余韻の中で「一粒の麦」が実った――。森長がヨハネ伝の聖句を置いた心情をそんなふうに想像したのだった。

わたしは「大逆事件」と森長をよく知り、『風霜五十余年』を読んだ何人かに聖句についての森長の思いを訊ねてみたが、何しろ半世紀以上前で献辞に気づかず、首をひねる人がほとんどだった。もう一度わたしは「大逆事件」にかかわって森長の歩いてきた道に、かの聖句を置き、彼の思いを想像した。

すると「大逆事件」で不当に殺された人びと、あるいは不条理の中で亡くなった無期減刑者たち、事件と社会に引きずり回されて死んでいった遺族らがそれぞれの「一粒の麦」で、それが五〇年からさらに長い時間の中で実をつけていくだろうという森長の期待だったのではないかと思えてきた。

彼らは「一粒の麦」として亡くなり、後世のわたしたちに「大逆事件」は何だったのか、また天皇制や近代国家や社会意識などを考えさせ、二度と同じ過ちをくり返させないための行動を促した。森長は『風霜五十余年』で彼らの死をそう受け止めんとして聖句を置いたのではないか。

注

（1）田村牧師が投稿を読んだ際の心の動きは、彼の森長宛ての書簡などによる著者の推測である。

（2）田村貞一著の同名の書は国立国会図書館にはなく、『矢部喜好伝』（湖光社、一九三七年）が所蔵されている。

（3）管野スガは、自らは管野須賀子と書くことが多く、わたしは書名でもそのように表記してきた。森長は戸籍にしたがって「管野スガ」としている。

（4）日本聖書協会発行の『聖書　新共同訳』（二〇〇三年）では「一粒の麦は、地に落ちて死ななければ、一粒のままである。だが、死ねば、多くの実を結ぶ」。

第5章　百年の余韻

森長が所蔵していた『紀伊升連幷無門庵禄亭永升君立机披露情歌集』(森長資料)

いつのころからか森長は人情、わけても男が女心の愛を想像して詠うことの多い情歌に関心を持つようになった。三味線の糸にものる調子のいい古今調の七・七・七・五の都々逸を情歌と名づけたのは、ジャーナリストで戯作者の鶯亭金升《おうていきんしょう》(本名長井総太郎)である。

森長はパワーに満ちて人生や社会に迫る近代短歌ではなく、遊びの色濃い情歌を研究していたわけではない。自身も情歌を解せる風流人ではないとことわっているが、では森長は男が女になってその情を詠む(その逆もあり、多くはないが女性の作者もいた)フィクションの世界の戯れである情歌になぜ魅かれたのか。

一九六四年の暮れ、再審請求も最終盤に差しかかったころである。多忙の隙間を縫うようにして森長は東京・神田の古書街へ足を向けた。とある古書店にあった情歌誌『吉野籠』と『情歌角力合』の合本を手にしてぱらぱらとめくっていたら、「無門庵」の字が目に留まって、森長は薄汚れた情歌誌の合本を、高価だったが買い求めた。これが情歌との出会いだったと、森長は書き、語っている。

その世界に通じていないと知らないような『吉野籠』や『情歌角力合』を手に取ったところが、すでに森長の情歌への関心の強さを示している。購入の動機が「無門庵」だったからというのはなぜだろう。「無門庵」が雅号だとは想像はつくが、森長はその号が誰なのかをすでに知っていたのである。「無門庵」(ときに「むもん庵」あるいはたんに「む」)は、「大逆事件」で刑死した大石誠之助の情歌の世界での雅号だった。

大石が情歌に親しみ、「はじめ「無門庵」の号で、のちに鶯亭金升からつけてもらった「緑亭永升」の号で、情歌(都々逸)の作者であったことは広く知られている」と「大石誠之助と情歌」(「あきらかにする会ニュース」第一〇号)で森長は書いている。これは一九六五年だが、「大逆事件」や大石の研究者は別にして、六〇年代半ばに大石が情歌作者だったことはどれほど知られていただろうか。

大石がエッセイ風の社会時評で使った号は「緑亭」で、「無門庵」を目にして情歌作者の大石だと気づく人は一般にはそれほどいなかっただろう。一九七一年に刊行される絲屋寿雄の『大石誠之助』では、情歌にはわずかしか触れられていない。七二年に刊行された地元の郷土史研究者の浜畑榮造による執念の伝記『大石誠之助小伝』は五〇〇頁近い大著だが、大石の情歌について触れているのは実質的には十数頁に過ぎない。

森長がさして関心もなかった情歌に注目したのは、それを詠んでいたのが大石だったからである。「処刑された人の情歌であると思うと、なんとなくうら悲しく、私の蒐集欲を狩りたてた」(「大石誠之助と私」『燔祭』第一六号)。

かつては森長も、新宮といえば佐藤春夫の名しか浮かばなかった。大石誠之助の名前は森長も戦前から知ってはいても、坂本ら四人の「復権」にかかわって以後もしばらくは、大石が二六人中から抜け出ることはなかった。

大石が情歌を作っていたことを森長が知ったのは、一九六四年四月に初めて新宮へ行き、仲原清に会って以後親しく交流するようになってからではないか。戦前、東京の出版社で編集者だった仲原は妻の故郷の新宮の住人になって二〇年、苦しい生活をしながら高いインテリジェンスで郷土史に取り組んでいた。

早くから「大逆事件」、とくに大石誠之助について調べ、図書館長だった浜畑榮造が辞任に追いこまれることになった六一年の『熊野誌』第六号で、大石誠之助の特集を企画・編集したのは仲原であった。仲原は大石誠之助が情歌作者で、「無門庵」を名乗っていたことなどの断片を話したか、手紙で伝えたのではないか。仲原はすでに森長と出会う前の六四年三月五日付の『紀南新聞』に大石の「情歌への訣別」を寄稿していた。大石がどの情歌誌に、どんな歌を吟じていたかについてまでは、仲原の調べはまだ及んでいなかっただろうが、森長が新宮を訪れた六四年ごろには大石の情歌離れを知っており、出会ったころは森長より詳しかっただろう。

仲原は森長に初めて出会った一九六四年四月一〇日以来、森長の人柄に魅かれ、その碩学に驚き、「惚れた」。そう言っても大きくは外れないだろう。仲原にとって森長との出会いはじつに大きかった。誰にとっても、ときに人生が変わるほど大きな出会いがある。仲原にとってはまさに「出会うべくして出会った人」、それが森長だった。僻遠の地で手で土を掘るようにコツコツと訪ね歩き、地道な調査が好きでたまらなかった仲原の研究が、森長との出会いによって光が当てられていく。仲原は「大逆事件」の実体に迫ろうとしていた森長に大石という視点を提供し、遠く離れた地から森長の手となり、足となり、耳となって動く。

森長が帰京して間もなく仲原から速達が届いた。

「こんどは辺地新宮までお越し頂けて、小生たちにとってはよろこびも大きなものでありましたが、先生にはずい分お疲れになられたこと、存じます。〔中略〕なににしてもわたしは先生にお近づきをえて、こんなによろこばしいことはありません。今後ともご指導いただきたく思います。左にお問い合せの事項をちょっと記しておきます」

青の万年筆で書かれた四月一五日付の仲原の手紙は、四〇〇字詰め原稿用紙にまん丸い字がマス目に几帳面に埋まっている。文面からは森長との出会いを心から喜び、行間からは敬愛の情が立ち上ってくるようだ。仲原が森長に出した最初の書簡だが、末尾にあるように森長は帰京してすぐに問い合わせの手紙を出していることがわかる。それは大石がいくつかの投稿をしていた新宮の俳句雑誌『はまゆふ』に関することと、成石兄弟の墓碑についてだったようだ。大石の情歌について仲原に訊いたかどうかはわからないが、森長の関心が「大逆事件」再審の法的な枠を越え、大石へと向かいはじめていたと思われる。そこには仲原の熱い「吹きこみ」があったろう。

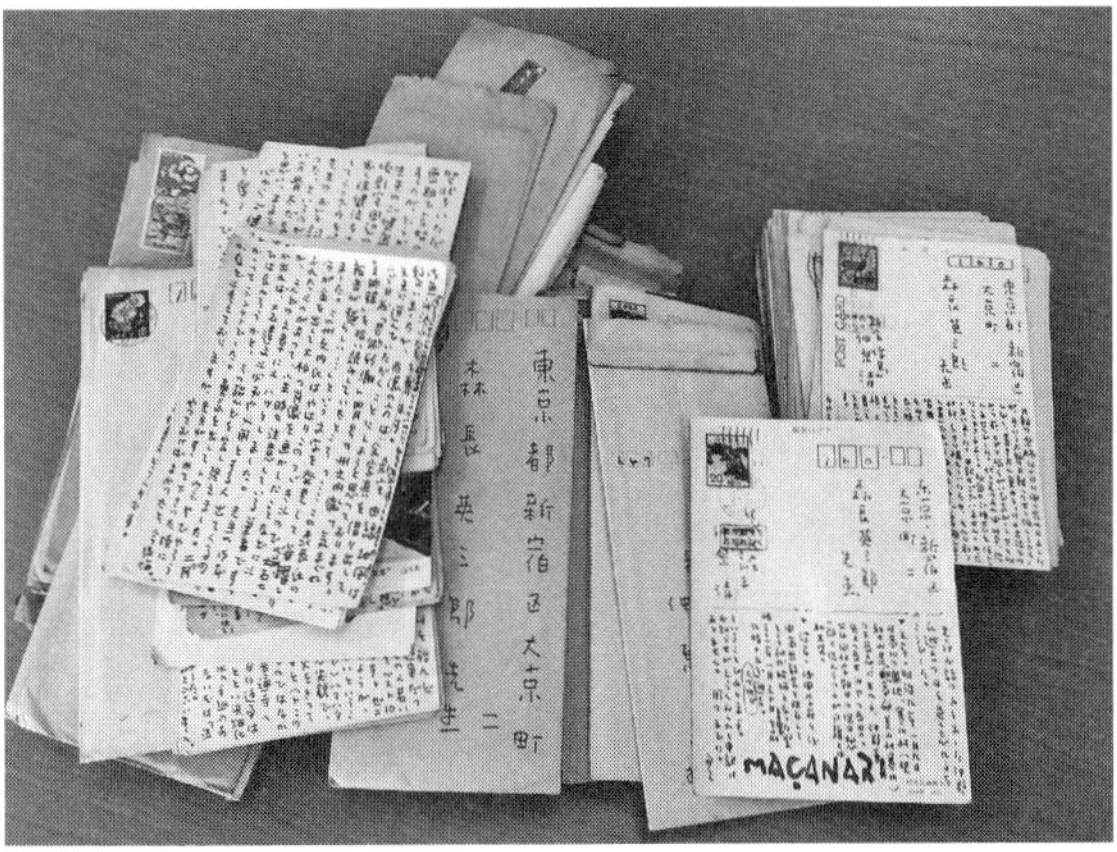

仲原清からの森長宛て書簡(森長資料)

森長のほうが七つ長じてはいたが、仲原の長男の夏生さん(曹洞宗僧侶)は森長について話す父のうれしそうな声を耳の底で思い出す。「家の中で、森長先生、森長先生としょっちゅうゆうてましたね。いつもそれには尊敬の念がぎゅっと詰まっているような調子で、その声が今も耳元で聞こえてくるようです」。

「森長資料」にある一〇〇〇人を超える人からの書簡類はおそらく数千通に上るだろうが、中でも坂本清馬と仲原清が群を抜いて多い。坂本とのつきあいは一九四六年からで彼の死の前年まで二八年の長きにわたった。その間の坂本からの書簡の類は約二〇〇通に上っている。仲原の書簡類は六四年から彼が亡くなるまでの一六年間で、少なくとも二五〇通以上になる。交わった期間は坂本より一〇年以上短かったが、仲原からの書簡数の密度は非常に高い。書簡の中身は、頭書に「すっかりご無沙汰しています」といった決まり文句のほかは、森長からの問い合わせなどへの回答がほとんどである。仲原に宛てた森長の書簡も二〇〇通をはるかに超えるはずだが、それらは仲原宅には一通も残っていない。夏生さんに家探ししてもらったが、ついに「一通もありませんでした」。この謎の半分はのちに解ける。

大石誠之助はアメリカで医師免許を取った医者で「ドクトル大石」といわれ、社会主義者を名乗っていたことは再審請求で事件を調べてきた森長も知っていた。仲原は森長宛ての書簡や『熊野誌』などに執筆した少なくない原稿から推して、再審請求への関心はそれほど熱くはなく、枠にはまらない桁外れの才人だった大石に魅かれ、そちらの調査のほうに熱心だったようだ。

森長と出会ったころには、大石についてはかなりの調査の蓄積があった。それらを森長にどんどん流しこむように提供し、その中で森長の心を最初につかんだのが情歌作者としての大石誠之助で、しかも彼がきわめて短期間で人に教える立場の宗匠にまでなっていたことだった。大石の情歌作者の号が「無門庵」で、情歌をはじめて間もなく師匠の鶯亭金升から「禄亭永升」の号をもらったことなどもおそらく仲原からの教示だった――そうであれば古書店での情歌誌を手にし、「無門庵」に目を留め、高い古書を買ったこともなるほどと合点はゆく。

「大逆事件」で国家に殺されてしまう大石がいつから、なぜ情歌の道に入り、いったいどんな情歌を詠んでいたのか。森長の最初の関心は、そこにあった。もしかしたら情歌に「大逆事件」に搦《から》め取られてしまったカギが隠されているかもしれない。大石に近づこうとする多くの人が、たいていが社会時評から入るのに、情歌に注目して大石を捉えよう、そこから「大逆事件」の本質が見えるのではないかという森長の着想は独創的であった。永年「大逆事件」にかかわってきたからというだけではなく、森長の感性と幅広い歴史意識を感じる。

森長はとにかく大石の情歌はどんなものかをできるだけ集めた。彼の情歌を掲載した鶯亭金升が選者をしていた諷刺週刊誌『團々珍聞《まるまるちんぶん》』(略称『團珍《まるちん》』)を神田で買い集め、国会図書館や東大の明治新聞雑誌文庫でも見られる限りの『團珍』から筆写した。購入済の『吉野籠』『情歌角力合』、新宮町で発行されていた『金刀比羅神社奉額情歌集』などの小冊子をも新たに入手した。そうした経過や大石のこんな情歌が見つかった、などということを仲原に報告がてら書き送った。

すると彼から「先生、本にしましょう」と強力に勧められ、はしがきを、あとがきをと催促されたのである。森長にはその気はなかったようだが、一九六五年一一月、大石の情歌や狂歌など約二四〇首を集めた小さな本『大石誠之助の情歌』になった。七七頁で、仲原がガリを切った。森長が書き、仲原が孔版をした最初の本で、大石の甥の西村伊作が設計した西村邸が記念館としてオープンしたのを機会に「新宮シリーズⅠ」(西村記念館)として刊行された。

『大石誠之助の情歌』の「はしがき」で森長は書いている。

「情歌は所詮、遊戯であり、作者にとっても絵空事であろう。それでも二六字のなかに、作者の真情がにじみだすことは、他の文芸における と異ならないようにおもう。〔中略〕大石の情歌は、人間大石を知るためばかりではなく、大逆事件の「嘘」を解く鍵であるようにも思われる」

森長がここで「大逆事件」の「嘘」と書いているのは、「国家の嘘」に嵌められた大石が、死刑執行の前に事件について「冗談から駒が出る」と教誨師に言い、面会した堺利彦には「嘘から出たまこと」ともらしたと伝えられているからである。どちらも同じ意味だが、森長は「大逆事件」の「嘘」を解く鍵が大石の情歌にあるのではないかと思ったのである。「仮説」といってもいいだろう。

森長は六五年三月の「あきらかにする会ニュース」第一〇号に寄稿した「大石誠之助と情歌」の末尾でほぼ同じ趣旨のことを書いている。

「大逆事件と大石の情歌、これ程似合わないものはないが、そこに大逆事件の本質を見せているともいえる。刑死に当り「嘘から出たまこと」の言葉を吐いた大石の心事を解明するためには、大石の情歌も捨てられない」

はたして大石の情歌に「大逆事件」の「嘘」を解く鍵を見いだせるだろうか。また死の間際のことばに大石の真情を情歌から迫れるか。難問である。

『大石誠之助の情歌』に沿いながら、森長の「仮説」が解けるかどうかも含めて誠之助の情歌を追っていく。

大石が情歌の道に入ったのは、アメリカから帰国し、新宮町仲之町で「ドクトル大石」の看板を掲げた翌一八九七年からで、『團珍』第一一三九号(一一月二七日)に「新宮・無門庵」の号で掲載されたのがはじめてである。満で三〇歳になる直前で、独身だった。最初は情歌ではなく狂歌「米の値に太き吐息はつき乍《なが》ら細き煙もたゝぬ貧民」である。こっけいを主にした狂歌で社会風刺をしているが、まだ社会主義者を名乗ってもいなかった大石の最初の掲載作品が社会派だったのは、森長の興味を引いた。この年いっぱい大石の作品が『團珍』に掲載されるのは狂歌や狂句だけであり、情歌が掲載されるのは翌一八九八年一月の『團珍』第一一四六号からで、この号には一挙に三首の「無門庵」の情歌が載っている。

人に先立つこころで主に除夜に投込む年始状〔「主」とは女が相手の男を呼ぶことばで、情歌特有の用語〕
義理で止めたる昔に替て今朝は帰さにや成らぬ義理
外でとめると思へば留守に内で針持つ手も止まる

掲載された情歌に選者の鶯亭金升の評がつくのは作品が一人前になった証しで、「無門庵」の情歌に評がついたのは翌二月以降の投稿からである。「主の浮気なこゝろが変る天気予報をして欲しい」には金升が「辛気予報と云ふ可し」の評をつけている。それ以後「無門庵」の吟じた情歌は金升評のつく常連になっていくが、のちの社会主義者・大石を知る森長は「主が訪《とい》くる足をば止める憎い鉄道ストライキ」に、恋のためにはストライキやぶりを望んでいると苦笑する。大石の投稿には情歌だけでなく、狂句も狂歌も入り混じるが、金升の、俳句や狂句や狂歌も一通り修めなくては情歌の広がりができないという指導に従ったからだろうと森長はみる。情歌だけでなく、狂歌にも投影される大石のこのころの思想はたとえばこんなふうだった。

君が代のめぐみにむせぶ竈《かまど》より声も田家の煙たつなり

「ここでは大石も君が代を謳歌している」と森長は評せざるを得ない。
大石は一八九九年一月、神戸を出港し、門司《もじ》を経てシンガポールへ向かう。かの地で医師をし、さらにインドへ行って伝染病などを研究し、社会主義を学んで一九〇一年一月に帰国するが、その往還や海外からもさかんに投稿をつづける。

やせたあげ句は影ともなつて主の形に添ふこころ

関門海峡を視界に映して吟じた情歌は、森長をして「鬼気せまるともいいたい秀吟」と脱帽させる。『大石誠之助の情歌』にはそこかしこに寸評が入り、情歌を解せないといいつつ、森長も「嘘の世界」をけっこう愉しんでいるふうである。

帰国して居宅を船町に変えて再び「ドクトル大石」を開業した大石誠之助は、その年晩秋に伊熊橘造の三女ゑいと結婚する。そのころ情歌は黄金時代だった。『團珍』が一九〇一年一〇月に情歌大懸賞を募集したところ、全国から三万六〇〇〇余首の応募があったという。その潮流に乗って大石の情歌はすごいスピードで上達していく。

一九〇二年には金升から「禄亭永升」の号をもらい、翌〇三年には選者にもなる宗匠にまで上りつめた

（現代では死語になった立机《りっき》）。情歌をはじめてわずか六年で頂点を極めたのである。新宮の情歌熱は、大石の「活躍」があって情歌の地方結社「紀伊升連」も生まれ、その隆盛ぶりは他の地域にも知られていた。大石の溢れるような才気に森長は舌を巻くが、宗匠になった途端に華々しく活躍した永升の情歌が、〇四年一月一日の『團珍』を最後に消える。どうしたのだろう。森長はわからないながらも、戦争の影を見て想像力の射程を伸ばす。

日露戦争をめぐって非戦論を主張した秋水、堺、内村鑑三の三人が一九〇三年一〇月八日、主戦論に転じた黒岩涙香《るいこう》の『万朝報《よろずちょうほう》』を退社した。次いで秋水と堺は社会主義の宣伝機関として平民社を結成し、週刊『平民新聞』を創刊する。そのころの『團珍』は森長によると、面白みが失せただけでなく、日露戦争に対して主戦論に傾きはじめ、〇四年の『團珍』には美人女性と軍人の写真が並んで表紙を飾るようになり、やがて「戦時画報」のサブタイトルがつく。金升は戦争協力の文章まで書く。すでに社会主義思想を持つようになった大石誠之助の『團珍』からの訣別の背景は、そこにあったのではないかとみたのである。『團珍』が潰れたのは日露戦争後から二年後の〇七年七月で、それは国民の嗜好の変化もあるが、戦争協力の「むくい」だったのではないかと森長は書いている。

大石の情歌を追って『團珍』のバックナンバーを繰っていた森長は、ニアミスのような面白い「出会い」に気づく。大石が「無門庵」の号で投稿をはじめたころ、秋水は『團珍』同人一〇人の一人として「いろは庵」の名で巻頭論文をしばしば書いていたのである。大石は「いろは庵」の論文をたぶん読み、秋水も「無門庵」の色っぽい情歌を読んでいたにちがいないが、二人のはじめての出会いは大石が大久保百人町（現・新宿区）の秋水を訪ねた一九〇六年一〇月である。

大石の情歌を追ってきたところ、日露戦争を境にして「無門庵」「禄亭永升」の名が消えてしまい、彼の情歌に「大逆事件」の本質を見、「嘘から出たまこと」を読み解こうとした森長の「仮説」は宙に彷徨《さまよ》ってしまう。『大石誠之助の情歌』の終わりのほうで森長は残念そうに書く。

「ここでハタと行きつまったのは、日露戦後、刑死までの間の大石の情歌がついに出なかったことである。社会主義に深入りして情歌を捨てたのであろうか。それとも情歌誌がみつからぬので、わからないだけなのであろうか。私達としては、社会主義の旗色を明かにした、そして最も円熟した時代の、大石の情歌を知りたいのであるが、いまは後日の発掘に期待するほかない」

仮に日露戦争がきっかけで大石が情歌から足を洗ったならば、そこから「大逆事件」に巻きこまれ、刑死するまでは七年もない。大石は社会主義の情歌を作っていただろうか。森長は宿題を抱えたが、大石のほとばしるような情と知に溢れた、鋭い才気を情歌から知り、ぐいと彼に魅かれたにちがいない。

大石は波瀾に過ぎる人だった。もっと追わねばならない。彼について調べることがたくさん出てきた。『大石誠之助の情歌』の「あとがき」のところで森長は、嘆きつつ新宮に期待をかける。

「今年〔一九六五年〕の三月以来、何とか大石情歌を集大成したいと、足繁く古書展にも通ったが、よく見かけたマルチンのバックナンバーさえもない。〔中略〕新宮は大火にあったそうだが、その田舎からでも、本集にもれたものを発掘していただきたい。熊野のあたりからは、大石情歌の色紙、短尺まで飛び出してきそうな気がする」

森長はそれでも情歌については「私としては横道」と謙遜しているが、それどころではなくなった。

「珍資料です。よくぞ丹念に集められたものです。横道必ずしも横道にあらず。人間を知る上では何よ

りのもの、興味津々」(添田知道)
「大石誠之助の都々逸の集成を作られたのには驚きました。貴重な資料として保存したい」(伊藤整)
「社会詠もあるし、風俗詠もあるし、江戸文学よりもっと古い時代の文学の情緒もあるし、大石誠之助というひとが親しみふかくいきいきと迫ってまいります。人間らしい知と情を所有していた聰明なひとだった。だからそれを所有しないものに殺されてしまった。そのへんが、よくわかります」(信夫澄子)
「あきらかにする会ニュース」第一三号に寄せられた著名な会員からの感想である。
それにしても一九六五年当時に「大逆事件」を追究する中とはいえ、最高裁に特別抗告をしている最中に、そして「史談裁判」の連載中に大石誠之助の情歌をマニアックに収集して本をつくる森長のエネルギーに脱帽する。「森長資料」のスクラップ帳をめくっていたら、こんな紹介記事が貼付されていた。
「これはおどろいた本である。大逆事件の大石誠之助がこんな「情歌」をかいていたとは。それにもましてあの多忙な森長弁護士がいつの間にか「大石誠之助の情歌」というものを探し求めて一冊の本を編んだということは、ひどく自分たちの怠慢ということを思い知らされる」(『自由連合』第一一五号、一九六五年一二月一日)

森長はその後も大石の情歌をさまざまな手づるを使って集めつづける。情歌だけでなく、彼の社会批評などからも人間・大石誠之助をつかまえねばならないとも思いはじめたが、その前に大石の全情歌を収集したい。それには新宮の仲原の協力も不可欠である。仲原は森長のために喜んで求める資料や人を捜し、紹介し、調べ、その結果をとてもこまめに報告する。文化的な刺激の少ない新宮で、仲原には森長からの問い合わせは励みになり、調査へのエネルギーを生み、また教えられることが多かった。

熊野は昔から風流と遊び心と粋なしゃれっ気に溢れ、俳句、狂歌、狂句、短歌、都々逸、雑俳などが盛んな地だった。僻遠の地だが、熊野川によって豊かな材木が集まり、都会へ運ばれ、逆に都市文化が流れこみ、訪れる文化人も少なくなかったことも影響しているだろう。

大石誠之助もそんな風土で育ち、風流人の奇才と仲原が評した文人の草根舎木皮《くさねやもくひ》(一八六三―一九四五)と交わり、彼が情歌への導き手になったようである。『團珍』にもしばしば登場する草根舎木皮の本名は、仲原の調べで今出常太郎とわかり、大石より四歳上だった。

仲原には「草根舎木皮の業績」という詳細な調査報告がある(『熊野誌』第一六号)。『團珍』に掲載された木皮の狂句、狂歌、情歌などをすべて採録し、他にも同誌に掲載された新宮の詠み人をもれなく拾った報告である。

仲原はその稿の「あとがき」で「奇才草根舎木皮の足跡を、かたちはともかくとして、ここまでたどることができたのは、まったく森長英三郎氏のおかげである。市井に埋もれた木皮の存在とそのエスプリ、ユーモアをはじめて教えられたのも、氏の著された『大石誠之助の情歌』によってである(後略)」と感謝しているように、森長の着眼、着想が文芸志向の仲原をいたく刺激したのだった。

『大石誠之助の情歌』から六年たった一九七一年四月中旬過ぎ、森長は三重県・御浜町の西、幻想的な朝霧で知られる尾呂志《おろし》にあった。尾呂志の代々の造り酒屋として知られた財産家の東家《ひがし》に、森長が永年探し求めていた、大石が宗匠になったときの『紀伊升連幷無門庵禄亭永升君立机披露情歌集』(本章扉写真)など、貴重な情歌集が所蔵されてあることがわかったからである。東家と大石家は古くから親族関係にあり、大石もしばしば東家を訪ねていた。

森長は文学、芸術関係の古書を蒐集する趣味を持っていたが、そのつながりなのか「何んでもコレクター」として知られていた村岸義雄とも交流があり、彼が稀覯《きこう》に近い大石の立机の際の『紀伊升連幷無門庵禄亭永升君立机披露情歌集』を持っていたので、すぐに借りて複写していた。しかし森長としては実物が欲しい。村岸の紹介かどうかわからないが、森長は当時三重県・御浜町教育委員長の東宗衛とつながりが出来、東家の倉に『紀伊升連幷無門庵禄亭永升君立机披露情歌集』など、大石の情歌を収載した相当数の情歌集が蔵されていると教えられ、飛んで行ったのである。

仲原が同行し、そのときの様子を書き留めている。新宮市立図書館の「仲原寄贈資料」にある「近時雑片(二)」(一九七一年四月一八日)というエッセイである。森長が『大石誠之助の情歌』のあとがきで、熊野あたりから大石の情歌が飛び出してくることを期待した一文を引用して、仲原はそれが実現したことを興奮気味に綴っている。

「その願いがきょう現実となって、間もなく眼前に展開しようとしているのである。そしてまた、大石ドクトルの東上のときの歓迎運座の席上、東亭扇升こと小山内薫との出会いが明らかになるかも知れないのである(中略)豪壮な酒屋の建物の一部、離れ座敷を移したといわれる東氏宅へ。いかにも歴史の重みを感じさせるたたずまいである。招じ入れられた座敷には、森長氏の手紙が機縁となって、倉から探し出された情歌関係のものが既に積まれている(中略)新宮で発行された「金刀比羅神社奉額情歌集」、あるいは森長氏が長い間幻の書とされていた「紀伊升連幷無門庵禄亭永升君立机披露情歌集」といった稀書も二人分、つまり各二部ずつある。汚れも虫喰いもなく、七十年の歳月を経たものとはとても思えない。森長氏の驚きはむろんだが、私までが息をのむ思いである。後者に掲載されているドクトルの情歌論は一万語にも及ぶたいへんな労作。明治の情歌論史の位置からいっても緻密でぬかりない布陣、論述は他に類がないのではないか〔中略〕にわかに突破口がひらかれてくる。ありがたい。筆写と写真撮影にかかり切って五時間余も経っていたのである〔後略〕」

感情を表に出さず、文章上も抑制を効かせることの多い森長も心躍らせていただろう。この「発見と出会い」は情歌を通しての森長による大石誠之助の結像に役立ったが、日露戦争を境にした大石の情歌はその後どうなったのかが気になる。森長の「仮説」の核心は明らかになっていくのだろうか。

大石誠之助は『團珍』からその名が見えなくなったあと、情歌を捨てたのか、それとも森長の推測するように戦争協力に傾いた『團珍』に愛想を尽かしただけなのか。森長がさらに追っていくと大石は、一九〇三年に社会主義を理想と主張するようになってからは片山潜の雑誌『社会主義』に情歌を投稿していた。

怖い黒死病《ペスト》の裏店《うらだな》よりも焼きたい富豪の遊ぶ家　紀伊　大石禄亭

『社会主義』一九〇三年八月三日号に掲載されている。つづいて九月三日号には、やはり大石禄亭の名で二首掲載されていた。

きつと唾《つばき》気を仕返すつもり金で面《つら》張る人の顔

辛い浮世の重荷を積んで坂に車を押すかる子
大石は金升からもらった「禄亭」の号を使い、後の社会時評なども「禄亭」をペンネームとして使うようになる。気に入ったのである。

『社会主義』への投稿は、森長の期待していた社会主義色の強い情歌だったが、どうも物足らない。情歌独特の余韻が乏しい。表現についても、生き方についても「嘘の世界」に遊ぶところから社会主義を目指す現実の世界に入らねばならないと自覚したからかもしれない。森長はそんな意味のようなことを書いている（『ドキュメント日本人』の月報四の「大石誠之助の遺書」）。

その後も森長は大石の社会主義的な情歌を求めて渉猟するが、多くは見つからない。わかったのは、日露戦争後の大石の表現は社会主義系新聞や田辺の『牟婁《むろ》新報』などへの社会時評が俄然多くなり、情歌誌などへの投稿がないことだ。大石が社会主義思想を持ちはじめるのを境に情歌から離れたことはまちがいない。

それでも森長は「無門庵」あるいは「禄亭永升」時代の情歌を探しつづける。大石が「大逆事件」を「嘘から出たまこと」と捉えたことを解くカギが、彼の情歌にあると当初からの仮説にこだわったからでもある。それも含めて森長は大石を訪ねる旅をつづける。大石の真骨頂である社会時評に深く入りこんでいくにしたがって、いっそう大石にどんどん引きこまれていく。

『大石誠之助の情歌』から一二年後の一九七七年一〇月、森長は仲原を中心とした新宮の文化人の協力も得て評伝『禄亭大石誠之助』（以下、『評伝』）を出版する。Ａ５判上下二段組みで五三〇頁近い大作で、本格的な評伝である。森長が「大逆事件」の被害者個人について著した最初の著作である。現在のところ、これを超える大石の評伝はない。その五年後の八二年には、仲原清との共編で二巻物の『大石誠之助全集』を出版する。その時点までに発見された大石の書簡を含む全著作が収録されている。情歌については『大石誠之助の情歌』以後に発掘された、たとえば東家に所蔵されていた情歌集なども含めてすべて収載されている。

再審請求のはじまったころ森長は、「大逆事件」についての本を書くつもりはなかった。『風霜五十余年』は再審請求がなければ、おそらく書くことはなかったが、被害者や遺家族の墓誌であり、「大逆事件」の核心に迫った本ではない。個人の伝記でもない。大石の情歌集も伝記や評伝ではない。そんな森長が積極的に表現しなければならないと決心したのは見てきたように、東京高裁と最高裁が再審請求棄却をしたからだった。戦後の裁判所が天皇制下の裁判所と少しもちがわないことを知った森長は愕然とし、「私はこのときはじめて、私の知った大逆事件の真実を、次代のために書き残しておこうと決意した」。『評伝』の「後記」でそう述べている。なぜ個人の、しかも大石だったのか。

同書の「前書き」では森長は書いている。「復権運動」や再審請求で長く「大逆事件」にかかわってきた自分は二六人の全員に親近感を持っている。その中でとくに大石に魅かれるのは「大石のなかにインテリゲンチャの源流をみたからであるかもしれない」。森長がここでいうインテリゲンチャはふつうの意味での知識階級で、森長が徳島の山間から東京に出て、弁護士として活動をしていた時代、一九二〇年代から四〇年代半ばのインテリの多くは進歩的であろうとして、体制の壁に突き当たって、あえなく挫折していった。森長はそれを体で知っていた。見てもきた。少し前の時代に生きた「大石の場合は、国家権力の壁がさらに厚かったので絞首台に送られる破目になった」。

森長は『全集』を出したときの『図書新聞』のインタビュー（一九八二年一〇月一六日）でも二六人の中で最も魅力を感じるのは大石だと語っている。そこではインテリゲンチャということばは使わずに、大石の生きかたに即して説明している。

「彼はマルクス主義をとったり、無政府共産主義に傾いたり、あるいはミルの個人主義・自由主義にもどったり、つねに揺れていた。獄中から弁護人に弁護資料として差し出した《社会主義と無政府主義に対する私の態度》では、社会主義は一種の趣味・道楽で、とりとめもつかぬような理想と書いている。これは転向だが、死刑判決が言渡されると、自分は理想を捨てることができない、と書く。こういう揺れかたは医師であり知識人である人間のひとつの面なのではないか。ぼくは、大石誠之助に人間を感ずる」

大石は類稀《たぐいまれ》な異能者で偉才であった。行動力もあった。情歌から離れて以後、ほとんど一人で社会主義の演説をし、啓蒙した。「太平洋食堂」と名付けたレストランを経営し、メディア図書館のような新聞縦覧所を設け、型にはまらず、枠を超えた才気とその行動は挙げればきりがない。

エッセイ風の社会時評は、批評精神に溢れ、皮肉と反語に満ち、人間論に立脚していた。文学性も豊かだった。国家論、家庭論、教育論などを軽妙に語り、ときには常識では考えられないような思想を語った。「秋水や堺利彦など中央の社会主義者に劣るものではなかった」と森長は感服する。

『全集』の共編者の仲原のことを森長は「彼は大石に惚れていた」という。それはたしかだろうが、「森長さんも大石に惚れていたと思いますよ」と言うのは、坂本清馬の自伝『大逆事件を生きる』で「「片想い的」人格の体験構造」を書いて以来、森長と交流をつづけた「あきらかにする会」事務局長の山泉進さんだ。

森長が大石にとくに魅かれたのは溢れるような知性であった。同時に知識人にしばしばみられる揺れにも人間的魅力を感じた。飄々《ひょうひょう》としたところも。森長は、どこかで大石の中に自分を見たのかもしれない。わたしはそんな気がしてならない。

森長が労働事件をやっていた一九五〇年のころ、ある労働運動関係の機関誌の連載記事「労働事件をめぐる人々」に似顔絵入りで、こんなふうに書かれていた。「自分をアナーキスト、共産主義者、社会主義者、自由主義者、民主主義者、ヒューマニスト等々の雑炊思想だと規定したそうだが、事実ぼうばくとし、ひょう然とし、ときどきユーモアもとばしつかまえどころがない」と。

大石はとくに自由を大事にし、自分は何々主義と呼ばれるのを好まなかったが、そんなところにも森長は親近感を持ち、共感できたのかもしれない。大石の晩年に「今の感想」(一九一〇年一月)がある。「僕は今の教育、殊に学校教育というものは実にツマラヌものだと思う。益よりも却って多くの害を与えるものだと信ずる。それは唯だ児童の心から麗しい自由の元気を奪い、少年の心に屈従の道徳を詰め込む。これほど恐ろしい物はない」。

大石は歯切れのいいエッセイでさまざまな視角から、型にはまらず自由に発想し、自由に生きることが人間にとっていかに大切かをくり返し語っている。「この「今の感想」の中に自分を見出し、私が大石を書くべきものと思った」(「大石誠之助と私」)と森長は自負するのだった。大石に魅かれながらも森長はしかし、前述の『図書新聞』のインタビューでは、大石とのちがいもきっぱり言い切っている。「ぼく自身は揺れない」。つづけてすぐに「だが、ぼくは大石と対話できる」。森長の自信とプライドであろう。

情歌からはじまった森長にとっての大石は、予想もしなかった『全集』にまでたどり着いたが、彼の「仮説」は『評伝』と『全集』の中でどのように解かれていっただろう。『評伝』の「前書き」でも、森長は「大石誠之助を描くことによって、この世紀の政治的大事件である大逆事件にアプローチしようとした」とその狙いを明らかにしている。

森長は『評伝』の中で、大石が捉えた「大逆事件」の真相のカギを握るとみた「嘘から出たまこと」の本心に肉迫している。大石の「冗談から駒が出る」は、日本犯罪学会の市場学而郎が東京監獄の元教誨師だった沼波政憲からの聞き書きを記録した「幸徳一派の刑死刹那」に出ており、それは、沼波の上司に当たる東京監獄の元教務所長の田中一雄の『死刑囚の記録』(下)の附録に収められている。

「死刑の二、三日前であった。沼波氏が彼(大石)を独房に訪れると、彼は氏に対して世間には冗談から駒が出るという諺があるが、今回の事件の如きは好適例ではなかろうかと冷ややかな笑みを漏らしたそうである」。市場の記録は前に書いたように聞き書きであり、どこまで正確かわからない。沼波の記憶に基づく話も同様だが、処刑の三日前の一月二一日に大石に面会した堺利彦は、東京朝日の記者に沼波とほぼ同じことばを聞いたことを伝えている。「今度の事件は真に嘘から出た真である」。処刑前日の二三日に面会した姉の井手睦世は、弟からのことばを「兎に角予期せざりし事が遂に事実となりしは不思議なり、今より回顧すれば総ての事夢の様なり」と伝えている。

大石と親しく交わった新宮教会の牧師・沖野岩三郎宛てに記した獄中手記「獄中にて聖書を読んだ感想」が遺されてある(神崎清「新編獄中手記」所収)。その中で、大石は書いている。「どう考えても世の中は「ヘンテコ」なものだ。七段目の生酔《なまよ》(い)が言った「うそから出たまこと」此の一言が実によく人生を説明し得る(の)だと思われる」。

森長はこれらをすべて同趣旨とみて、『広辞苑』『言泉』などの辞書、俚諺《りげん》辞典などを動員し、また「仮名手本忠臣蔵」の七段目「祇園一力茶屋の段」に出てくる有名なシーンでの大星由良助がおかるに言う台詞「嘘から出たまこと」などにも分け入って、大石の真の心に迫った。

大石を含む紀州の六人が裁判で認定された事実は、一九〇九年の一月末か二月初めの大石宅での新年会で、大石が東京で秋水から聞かされた弾圧に対する茶飲み話の「革命談義」を、土産話として披露したことが、天皇暗殺の謀議とされた。実際は、謀議でもなんでもなく、文字通りの東京の土産話で、大石は情歌の遊び心も手伝って、いくらか斜に構えた話ぶりは芝居がかって、面白可笑しかったかもしれないが、新年会に参加した五人の誰もが冗談＝嘘の話と受け止めた。だから聞いた五人はすぐに忘れてしまった。

調書や判決に頻出する「決死の士」ということばも、大石らは検事らから初めて聞き、新年会が「決死の士」の集まりにでっち上げられてしまった。嘘が、裁判では大石宅で謀議をしたという「まこと」にすり替えられてしまった。「まこと」は「大逆事件」であり、そこから導かれた死刑判決だった。大石の「嘘から出たまこと」は、彼が獄中手記で書いているように「ヘンテコ」であり、姉の睦世につぶやいた「思いもよらない事件」が事実になってしまったことを意味していた。

森長は、大石が言おうとした「嘘から出たまこと」の真相をこう解いたのである。大石が「嘘から出たまこと」というポピュラーなことばを処刑寸前に口にし、文字にしたことで森長が『評伝』で書いているようにそれが「あいまいさ」を呼び、「謎の言葉」(絲屋寿雄『大石誠之助』)のように受け止められ、さまざまな解釈も生んできた。

いずれにしても「大逆事件」の再審請求をし、検事・予審判事の調書や判決を丁寧に追ってきた森長だからこそ、事件の文脈に大石のことばを置けば、それが事件全体の真相を衝く意味を持っていたと翻訳できたのだろう。そう理解するとぎりぎりの場面で大石が引用した歌舞伎の台詞「嘘から出たまこと」は、「大逆事件」の実像を鮮やかに表現した比喩だったが、それは社会主義に対する自己の中途半端さ、つまり「生酔い」に気づいた、大石の「寂しき悟り」(「新編獄中手記」)から出たことばだったかもしれない。

情歌について『評伝』では第二部で一三〇頁ほど割かれ、習作期から社会主義者になってからの作まで克明に追っている。その中で「仮説」にまっすぐ応えているところはない。また『全集』の「２」の情歌の解説でも直接には書いていない。しかし大石の情歌を追っていくと、情歌が「嘘」で支えられていることは『大石誠之助の情歌』で見たとおりである。情歌の核心は「嘘」といっても過言ではない。修練し、上達していくほど「嘘」が磨かれる。森長は『評伝』の本文ではなく、「前書き」で答えを出していた。

「当時の情歌(都々逸)は、作者が男であっても、フィクションにより女心を歌うものである。つねに空想し、嘘をつくことによって情歌は生まれるのである。この情歌作者の気持ちが大石の日常生活や社会主義運動にも出ていないであろうか。そこから大石の矛盾、虚偽、誇張が生まれてはいないだろうか。実《まこと》らしく嘘を面白く話したために、大逆事件におとしいれられたのではないだろうか」

これ以上突っこむ必要はないだろう。森長は「嘘から出たまこと」から大石の「情歌」に注目し、そこに「大逆事件」の本質を捉えるカギがあるという独創的な着想に一応の結論を得た。大石の社会主義者時代の情歌にはしかし、「無門庵」時代のような精彩はない。森長の『評伝』の中のことばを借りれば、「女の愚痴を歌うときのように成功しているとはいえない」。資本主義の矛盾を自覚して社会主義者になったからだろうとわたしは思う。

情歌とは別だが、大石には日露戦争開戦直後に『平民新聞』に投稿した、植民地主義を痛烈に批判した「文明の強売(断じて不正なり)」がある。切れ味鋭く朝鮮植民地支配が「不正であり」「不義である」と説いている。イギリスの植民地だったインドでの体験があった大石の開かれた歴史意識を感じる。情歌を抜けた大石は自由、平和、平等を理想とする思想を柱にし、しかし矛盾をはらんだ生き方も散見する。そこにも森長は付かず離れずの姿勢で接する。人間・大石への森長の限りない愛情がそくそくと伝わってくる。

「大逆事件」についての森長の最初の本格的著作である『評伝』は、再審請求での敗北を表現によってとり返し、事件の真相を大石という知性を通して明らかにし、後世へ伝えたいという彼の執念が実を結んだ作品である。多くの新聞雑誌に取り上げられ、資料の渉猟の博捜と資料批判によって大石の人物像を鮮やかに浮かび上がらせた、画期的な伝記などと高く評価された。

「大逆事件」にかかわってきた周囲の研究者らが出版記念の会をしたいと考えたのは、当然だったろう。森長がその種の企画が嫌いなのは知っていたから、ごくこぢんまりとした会をと大野みち代が中心になってひそかに計画をした。森長はしかし、断った。

「それは、たぶん森長さんとしてはこの程度の出来では満足しないで、もっと良いもの、高いものができるという思いがあったからではないでしょうか。僕は、森長さんはもっと高いものを目ざしていたと思いますよ」。山泉さんは森長の「拒否」の思いをこう推し量るが、さまざまな面で森長の強い自信を感じてきたわたしは、親しい周囲が準備した記念会を断われる森長の矜持に感動すら覚える。

『評伝』の評価は高かったが、森長が力を入れた大石の情歌について注目し、言及した評言はほとんどなかった。その中で森長の思いを丁寧に読み取ったのが、和歌山大学教員だった佐野稔(社会政策学)の論稿だった。

「大石誠之助にかんする覚書――森長英三郎著『禄亭大石誠之助』によせて」(和歌山大学経済学会『経済理論』第一六四号)で、佐野は長い論稿の冒頭近くで大石に迫る視点として森長が情歌に着目したところにペンを寄せる。

「従来、大石の情歌については大逆事件と直接的に関係ないものとして、それ自身としてほとんどふれられることがなかった。森長氏の私家版としての『大石誠之助の情歌』(中略)にしても、著者の私的な嗜好によるものとして位置づけられていたように思える。しかし、大逆事件とかかわる大石「誠之助」は、情歌宗匠＝「禄亭」とけっして無縁でないばかりか、「禄亭」の視点こそ、大逆事件、そしてそこにおける大石誠之助の本質をとらえるうえに不可欠的なのである。著者の独壇場である「大石誠之助の情歌」＝禄亭研究には、大逆事件における大石誠之助を究明するうえに従来なかった視角を提供する」

佐野は二〇一九年二月に亡くなったが、わたしはその直後に遺族宅を訪ねた。そこで森長の『評伝』について書かれた論稿が収録された『昭和史のなかの社会政策』をいただき、また思いもかけず故人が遺していた森長からの書簡数通の提供を受けた。中に佐野から送られた論稿への手紙も含まれてあり、森長らしい淡々とした文章だが、赤線を引きながら、くりかえし拝読したとも記してある。

『評伝』には異論の出た、ある意味では物議をかもしたところがあった。大石と同郷で医師の父との交友を通じて知っていた佐藤春夫の詩「愚者の死」(『スバル』一九一一年三月一日号)について、森長は「通説」

ないし「定説」になっていた反語的表現の詩だという評価に異議を唱えたのである。詩を詠んだ一八歳の佐藤は事件のデッチ上げを読めず、官憲のストーリーを全面的に肯定し、「大石を罵《ののし》った」詩だと評したのである。森長の「通説」への異論は、再審請求の主任弁護人として国家の「嘘」をひん剝いた森長の「大逆事件」についての事実認識と深くかかわっているように思われる。

「愚者の死」を『評伝』から引く。

千九百十一年一月二十三日
大石誠之助は殺されたり。

げに厳粛なる多数者の規約を
裏切る者は殺さるべきかな。

死を賭して遊戯を思ひ、
民族の歴史を知らず、
日本人ならざる者、
愚なる者は殺されたり。

「偽《うそ》より出でし真実《まこと》なり」と

絞首台上の一語その愚を極む。

われの郷里は紀州新宮。
渠《かれ》の郷里もわれの町。

聞く、渠が郷里にして、わが郷里なる
紀州新宮の町は恐懼せりと。
うべさかしかる商人の町は歎かん、
――町民は慎めよ。
教師らは国の歴史を更にまた説けよ。
（句読点、行間とも『スバル』初出による）

佐藤は敗戦後一〇年以上たってから、小説『わんぱく時代』（一九五八年）の「エピローグ」で、事件直後に詠んだ「愚者の死」について「すべて反語的な表現であったから官憲の眼はくらましていた」と書いている。戦後に語られた佐藤のこの「反語的な表現」云々は、多くの人びとにそう評価され、受け入れられ「通説」になった。森長はしかし、佐藤の他の文章（たとえば佐藤の詩文の生涯の記録と感想である『詩文半世紀』を挙げる）などから、佐藤は検事側が「大逆事件」構成のでっち上げの太い柱にした「一一月謀議」をそのままに受け入れて大石を捉えていたとみる。佐藤がこの詩を書いた一九一一年の一月か二月時点では、

「俗説にしたがって、国賊大石を罵ったのであって、反語の詩ではないように思われる」と評し、「少年佐藤は、まだ国家権力のカラクリにかかる事件を批判する眼を持たなかったのである」というのであった。森長の佐藤批判の筆は厳しく、「何度読みかえしてみても、作者の同郷の先輩大石にたいする同情のひとかけらも感ずることができない」とまで言い切る。そこにとどまらず森長は「少年時の先入観は、結局、死ぬまでそれから脱却できなかったのではあるまいか」と佐藤に対する疑いの視線は長い。

「死ぬまで」と森長が書いているのは、佐藤が日中戦争の時代から軍に協力して菊池寛らと共に「ペン部隊」の創設(一九三八年)にかかわり、侵略戦争に荷担し、戦後もそのことに対して「わたくしは民族感情を代表して、はじまってしまった戦争に勝つようにと協力しただけであった。この単純なわたくしは一命を賭して、一国の権力と抗争するだけの勇気も思想もなかった」(『詩文半世紀』)と言い切っているからかもしれない。

「愚者の死」についての森長の反語否定の解釈は、今でもほとんど支持されていないが、わたしは森長の解釈に違和感はない。あらゆる言説に通じるが、「通説」や「定説」には、論拠があればこだわらなくてもいい。何と言っても森長は「大逆事件」に最も長くかかわり、事実を積み上げて、紛れもなく国家犯罪だと認識していた法律家として、一八歳の佐藤の事件理解の前提に異論を呈し、それをもとに「反語」なのかと問うたのであるから。

とはいえ、若い佐藤が事件の真相がつかめなかったのはやむを得ない。

わたしは「反語」かどうかよりも、たとえ官憲の眼をくらますためだったとしても、「愚者の死」には人間・大石への愛情が薄いように思えてならない。

「愚者の死」に対比して森長が『評伝』で讃えたのは、歌人としては落ち目街道をとぼとぼと歩いていた大石の知友、与謝野寛（鉄幹）が詠んだ詩、「誠之助の死」だ。やはり一九一一年の作である。(1)与謝野は当時、佐藤よりはるか年長で三八歳だった。

大石誠之助は死にました、
いい気味な、
機機《きかい》に挟まれて死にました。
人の名前に誠之助は沢山ある、
然し、然し、
わたしの友達の誠之助は唯一人。
わたしはもうその誠之助に逢はれない、
なんの、構ふもんか、
機機に挟まれて死ぬやうな、
馬鹿な、大馬鹿な、わたしの一人の友達の誠之助。
それでも誠之助は死にました、
おお、死にました。

日本人で無かつた誠之助、
立派な気ちがひの誠之助、
有ることか、無いことか、
神様を最初に無視した誠之助、
大逆無道な誠之助。

ほんにまあ、皆さん、いい気味な、
その誠之助は死にました。

誠之助と誠之助の一味が死んだので、
忠良な日本人は之から気楽に寝られます。
おめでたう。

佐藤とちがい、大きなことは言わず、「殺された」ではなく、「死にました」で軟らかく、語りかけるように言い、友人の大石誠之助にこだわり、友の喪失を悲しみ、愛おしむ。それでいて国家、社会の仕組みを「機械」に擬《なずら》え、それに「挟まれて」、「有ることか」「無いことか」と友の死の裏側に潜む何やら怪しげな気配を感じる与謝野がいる。そこには与謝野の怒りさえ滲む。末尾の「忠良な日本人は」以下は、反語が躍るように生き生きしている。

森長は与謝野の詩を「大石にたいする愛惜がすみずみにまでしみとおっている。わが子の死を惜しむような情があふれ」、末尾の三連こそ「反語」だと評している。「愚者の死」と「誠之助の死」を読み比べると、大石という個人への哀惜と愛惜の差が、詩のちがいに顕れたのではないか。森長はそれを敏感に感じ取って、大石を知る濃淡の差はあっても二人の詩について『評伝』の中で饒舌と思えるほど頁を割いたように思える。

佐藤春夫の文学を尊敬し、森長を畏敬していた仲原が森長の異論にどう反応したかは、彼の森長宛ての書簡の中からは見いだせなかった。困ったのかもしれない。仲原を通じて森長と懇意にしていた新宮文化人の一人で、元新宮高校校長の若林芳樹は主宰していた雑誌『燔祭』（一九七九年秋号）でやんわりと、皮肉をまじえて森長見解を批判している。

「これ〔反語ではないという森長の指摘〕も一説であるが、春夫の反語的表現は、官憲の目をくらましたように、今に至るまで森長氏の目をもくらましているのであるともかんがえられるのではなかろうか」

若林の緩やかな批判に、自信たっぷりの森長は少し戸惑ったようで、「大石誠之助と私」で、もってまわった口ぶりで言い訳をしている。「私の父祖伝来の家訓は」と森長らしからぬ古色なことばを使って、「人に騙されてもよい、人を騙すな」で、佐藤の反語的表現が「七〇年後のいまも、私をだましている、私がだまされている」なら、「家訓に生きる私にはありがたい」と。自説は譲らないということであろうか。

山泉進さんは、『評伝』の森長の反語否定に出会ったとき最初は驚いた。「あの森長さんほどの人が……、とちょっと絶句した覚えがある」。しかしその後、山泉さんは森長の「大逆事件」と長年、向きあってきた歩みとその情熱を詳しく知り、「森長さんからすれば、あの程度の反語は許してはおけなかったのである。私は、いまになって初めてそのことが理解できるような気がする」(『佐藤春夫と大逆事件』「序「愚者の死」の新解釈」)と書くのであった。森長はしかし、山泉さんの「理解」を知ることはできなかった。

人はのがれられない死が迫りくる中で、多くは真情を吐露する。大石の長文の獄中手記には揺れる心が見られても、肉親や親友らへの書簡では偽らない心が素直に表される。大石を知るには、獄中書簡は重要だと捉える森長は『評伝』では、まず死刑判決のあった翌日の一九四四年一月一九日付で妻のゑいに出した書簡を取り上げる。

「ある人の言葉に『どんなつらい事があろうとも、其日かおそくも次の日は物をたべなさい。それがなぐさめを得る第一歩です』という事がある。お前も此際くよくよと思ってうちに引こんでばかり居ずと、髪も結い、きものを着かえて、親戚や知る人のうちへ遊びに行って、世間の物事を見聞きするがよい。そうすればおのずと気も落ついて安らかになるだろう」

大石は満で四三歳、ゑいは二八歳になったばかりである。突然、大いなる手につかまれて人生がでんぐり返ってしまった若き妻の混乱、塞ぐ心を思いやり、死刑判決とは書かず他者から聞いたことばに寄せて「どんなつらい事があろうとも」と、いたわるようにそっと書く大石の優しさ。夫の優しい書簡を妻がどんな思いで読んだかは、わたしの想像を超える。森長はゑい宛ての書簡に評も感想も加えずに、つづけて親しく交わった沖野岩三郎に出した一月二〇日付の書簡を取り上げる。前半部分を省いて紹介する。大石はすでに「恩赦」から漏れたことを知っていた。

「今回の事件に付き、私が最も苦しく感じるのは、自分の妻子の弱い胸へ重き疵《きず》をつけた事です。彼〔妻ゑい〕は比較的しっかりしてるようですが、此の際人に顔を見らるるのがいやなような風で、何処かよそへ行って暮らしたいと言って居ます〔中略〕厭世的にならないようにお導きを願います。私は子供の世話をまかせる外、彼は絶対に自由にしてやりたい。今から言うべきことではありませんが、出来得べくんば、彼の前に再び新たなる歓楽の道が開ける事を熱望して居ます。そして若しそういう場合に逢うても、私の親戚等が寧ろこれを喜ぶという態度をとってほしいと思うのです」

　妻には心優しいことばをかけ、沖野には妻が再婚するように仕向けてほしいと懇願している。若い妻のこれからに心の視線を伸ばす大石の思いやりは、年の差だけではないだろう。

「大逆事件」以外で裁判や法律にかかわる歴史的な事件を手がけるたびに、森長の教示を受けたという澤地久枝さんは『評伝』の中で大石の書簡を読んだ思いを、エッセイ集『忘れられたものの暦』の「男の優しさ」の中で取り上げた。

　澤地さんは「二・二六事件」で処刑された丹生《にぶ》誠忠《まさただ》中尉の遺詠などと比較して、大石の文面にいたく感心して、「これぞ男」というような気持ちになったと書いた後でこうつづけている。「それから五年あまりたった今、私はかならずしもそうは思わなくなっている」と立ち止まり、丹生中尉の「うつし世を吾みまかりて行きぬとも　心とゞめんなれのみたまに」の歌や「死ぬる迄恋女房に惚れ候」の走り書きに、からみつくような男の「哀恋、執着」と、大石の「醒めた思いやり」と、どちらに救いがあるのだろうかと、自問する。

「私はやはり、「死ぬる迄恋女房に惚れ候」と書いてもらいたい。ちゃんとものを食べ、そして自分のことは忘れて再婚してくれと言いのこされたら、きっと突放された寂しさと、裏切られたような苦い思いを味わうに違いないと思うようになった」。澤地さんのエッセイ集は、森長の『評伝』から五年後の一九八二年である。四〇代半ばから五〇代にさしかかった澤地さんの心境の移り変わりだろうか。

わたしは二〇一九年一月半ば、澤地さんを訪ねた。妻に残した大石と丹生の心の「違い」について訊いてみたかったのだ。澤地さんの手もとには思いもかけず森長からの書簡が一九通も残されてあった。森長からの書簡を保存している方は少なく、澤地さんは最も多く保存しているといってもいいだろう。ほとんどがはがきだが、一通だけ便箋三枚弱の長めの手紙があった。一九八二年六月九日付で、『全集』出版の二カ月ほど前である。森長は澤地さんから贈られた『忘れられたものの暦』を読み、件の大石と丹生の「違い」を『全集』の解説の中で触れてみたが、どうしようかと思案していると書いていたのである。

「あなたのいわれるように、女心としては、最大の愛のことばを求めるだろうと認めた上で、しかし男心としては、妻の人格を認め、妻のほしがる愛のことばもかくして、あとに残る妻の人生設計をも考えてやろうとするのではなかろうか、と書いてみましたが、へんに賢人ぶっているようで、いやになり、このまま出すか、この部分、もう一度再考するか、考えてみます。こんな問題は私にはいやなことです」

何と自然で率直な手紙なのかと、わたしは澤地さんから提供された手紙を何度も読み返し、森長の真情に初めて触れたような気がした。大石の「嘘の世界」の情歌に接し、それぞれ解釈を試みてきた森長も、死にゆく夫に取り残される生身の女心の深いところまでは推し量れない。

「こんな問題はいやだ」と澤地さんに正直に漏らした森長は、『全集』の「解説」ではどうしたのだろう。取り上げることを止めたのだろうか。書簡のところの解説は二頁少しだが、半分以上を澤地さんの「男の優しさ」に触れて、残される妻への気づかいについて書いている。

「大石のばあいは、国賊の妻子だということで世間から圧迫を受けることは、大石のことであるから敏感に感じとっていたにちがいない。丹生の二二歳の若妻との新婚生活は一〇カ月だけで子供もない。大石のばあいは結婚生活は一〇年近くで二人の子もある。このような条件のちがいを一切無視して考えると、女心としては、澤地久枝のいうように、やはり「死ぬる迄恋女房に惚れ候」と書いて貫いたいであろう。たとえそのために川に溺れることになろうとも、死にぎわの夫の愛の言葉が欲しいのである」

ここまで書いて森長は「しかし男心としては、それでよいのであろうか。妻の人格を認め、妻子の将来をおもい、愛の言葉よりも、妻や子の人生設計を考えてやることを優先させるのではあるまいか。このように大石の獄中書簡は、人生のいろいろのことを考えさせてくれるのである」と、大石に寄り添うのだった。

「男の優しさ」からさらに三七年、澤地さんに時の砂に埋もれた話かもしれないがあえて訊いてみた。

「私もその時々で気持ちが変わりますからね。今、どっちがいいとも言えません。まあ四〇年近く前に書いたものですから、そのときはそういう気持ちになったんでしょうね」

大石の優しさをどう受け止め、理解するかと同時に、森長を知る手がかりの一つと思い、答えの出ない問題に触れた。

大石と丹生をめぐる男心と女心についての森長の澤地さん宛ての手紙の末尾には少し気になることばが記されてあった。

「どうもこのごろ、私もからだが大儀になり、短かいものでも、つねに絶筆になるかもしれないと思いつつやっています」。森長は澤地さんには安心して、心を開いている感じだ。

「大逆事件」に関しては畢生《ひっせい》の作品だった『評伝』刊行から一年ほどした一九七八年一一月、森長は多くの知り合い、先輩、友人らに一通のはがきを送った。宛名書きを失敗した一枚が桂子さんの許に残されてあった。

「家内その儀動脈硬化にて養生相かなわず十一月五日数え六二歳で死去しました。その日の夕方はテレビでバレーボールを楽しくみていたのでした。生前に、近親による花輪や名札のない簡素な反俗の葬儀にし、あとでこのようなはがきを旧知の方にお届けすることを約束しましたのでそのとおりに通夜および葬送をすませました。生前の御交誼を感謝し、また弔問していただいた方々に厚く御礼を申しあげます。

故人は性ほがらかで、着物一枚欲しがらず、私の計拙による貧とわがままにたえてくれました。桜島をみたかったといったほかは、これ以上望むものはないと、小さな幸福を抱いて去りました。私の方はなが生きするためには誰でも一度は出あう不幸と達観し、旧倍の元気でいます〔以下略〕」

妻への愛惜の情あふれる温かな喪中はがきである。桂子さんの話では、母・そのは急死に近かったようだ。一〇歳若い妻に先立たれた森長の衝撃はいかばかりであったろう。桂子さんへの「遺言」ノートを送ってきたのはそのが存命のころで、満年齢では一一歳上の自分が先に逝くと思っていたからだった。布施夫妻が森長との結婚を勧めたそのは、喪中はがきにもあるように非常に明るい、開放的な性格だった。

「母は商家育ちで、初対面の人とでもすぐに打ち解ける質でした。いつでしたか夫婦で旅した大島で、馬に乗ったら馬子さんがお宅ら本当に夫婦？　って言われたのよって、母が旅行から帰ってきて笑って報告していました。だって父はどこへ行っても本ばかり読んでいて、もしかしたら馬の上でも読んでいたのかもしれませんね」

桂子さんの思い出話である。彼女の家族が父・英三郎と暮らすようになったのは、それからしばらくしてからだった。

仲原清は森長宅に泊まったこともあり、そのには何度か会っていた。森長の嘆きを察し、最大限の哀惜のことばを重ね、そのの気さくな性格に打たれた思い出の弔文を送った。

「電話口での奥さまの暖かいお声、玄関に立つ小生にいちどとして怪訝なお顔色をお示しにならず、始終和やかに迎えて下さいましたこと、そのお人柄は忘れることができません。先生のお部屋へ通る場合、いつもずかずかと奥さまの前を通りすぎておりましたが、もっと礼を正すべきであったと後悔いたしております」

森長は妻に去られたあとも「大逆事件」から離れることはない。

一九八〇年は「大逆事件」七〇周年で、関係地で記念の集会などが持たれた。和歌山県田辺市で高校の教員ら主催の記念集会に森長が寄せたメッセージが小松隆二さんの手もとに残されてある。「大逆事件」を歩いた体験に歴史をしみこませた、森長にしか書けない文章である。全文紹介しておきたい。

「いま私は、請川から中辺路を通って田辺に出る、成石兄弟らが拘引されて歩いた道を歩いた、十数年前のこと〔一九六五年三月の「大逆紀行」のこと〕を思い起こしています。

信州明科が大逆事件の発祥地であるならば、紀州田辺は大逆事件フレーム・アップの震源地であります。田辺における武富〔濟〕検事の紀州グループに対する過酷な取調べは、大逆事件の冤罪をデッチあげ、そのデッチ上げを全国に波及させて、大逆事件フレーム・アップとなったのであります。

他方、田辺は管野スガ、大石誠之助、成石平四郎、﨑久保誓一ら、大逆事件の被告人と関係が深い、反骨・毛利柴庵《さいあん》の『牟婁新報』の発行地であります。この田辺において大逆事件七十周年記念集会が開催されることは、まことに意義深いものと考えます。

ここで私たちは、過度の経済成長による混乱した現代と照らし合わせて、大逆事件のもつ意義をかみしめて、知る機会をえたことを喜び、貴集会の御成功を心からいのります」

翌八一年一月二四日、判決・刑死七〇周年に「大逆事件」の被告人らが獄中から堺利彦に宛てた（妻の為子や娘の真柄宛ても）書簡集『大逆帖』が「あきらかにする会」によって復刻出版された。森長の企画で、大原慧が中心になって編集した。一九〇八年の「赤旗事件」で囚われていた堺は一〇年九月に満期出獄すると、すぐに「大逆事件」の被告人らへの差入れ、面会、家族面会の手伝い、手紙送付など救援活動に奔走した。堺は被告人から届いた書簡のうち三〇通を、秋水のアメリカ土産と思われる美人画の表紙のB4サイズのスクラップ帳に貼り付け「大逆帖」と名付けて保存していた。

秋水一〇通、管野八通、松尾三通、森近・大石・内山各二通、新村忠雄・岡林・飛松各一通で、管野の一通は別事件で入獄する直前に秋水宛てに出したはがき、内山の一通は横浜の根岸監獄から堺の妻・為子宛てで、他の二八通はすべて東京監獄から出されている。震災、人災、戦争をくぐって堺夫妻と長女の近藤真柄の三代にわたって保存されてきた「大逆事件」の貴重な記録の一つだった。

森長は「大逆事件が世紀の事件として語りつがれることを思うと、『大逆帖』は現在の日本人民の国宝」と復刻出版の意義を同書に挿入された「しおり」に書いている。再審請求棄却後、「大逆事件」についてはさまざまな形で表現されていくことが大事だと思い、自らも実践してきた森長の尽力で、また一つ「語りつぐ」ための記録が積み重ねられたのである。

一九八二年一二月五日夜、『全集』の刊行記念として熊野文化協会などによる記念講演会が新宮市福祉センターで開かれ、森長と瀬戸内寂聴さんが招かれた。夕方から土砂降りの雨に見舞われ、会場へ向かう車中で二人は、聴衆は講演会の世話人だけかもしれないなどと冗談を交わして着いたところ、ホールは超満員であった。「女史は喜んで私に抱きついてきた。はにかむ私に、おいやですかといって、私を抱きかかえながら控室に入った」。森長は当夜のことを「大石誠之助の市民権」のはじめのところで照れながら披露しているが、講演会のメインは表舞台を歩く、人気の寂聴さんだった。

『大石誠之助全集』を手に取る森長
(森長資料)

『全集』の編者としての森長の挨拶のあとで、当時の市長・瀬古潔が「熊野人としての大石誠之助」と題して講演し、「大石を新宮市民としての市民権を与え、復活させる」と踏みこんだ話をした。「大逆事件」から七一年、「熊野誌六号事件」からでも二〇年以上、市長がこの種の会に出席したのは初めてだが、それ以上に奪われてきた大石を市民的・社会的に復権するとまで市長は言い切った。新宮にとって「大逆事件」は長く、重くのしかかりつづけ、それは大石をどう評価するか、語るのかで表されてきた。『全集』とその前の『評伝』が、日の翳《かげ》に隠れたような新宮に光を射しこむきっかけになったのだろうか。森長は市長の思い切った発言に期待する。再審請求が棄却された後の森長は、被害者の市民的・社会的復権のために表現をつづけてきたのだから。

「全集がでて、大石を新宮のほこりとし、市長が先頭に立って、大石の市民権を認めるというのである。天皇制復活のきざしはあるが、大石の名を再び否定するようなことはあるまいと、私は新宮市民を信じている」(「大石誠之助の市民権」)

『評伝』から『全集』まで五年、森長の思いが一つ叶えられそうになったが、それが形になるまでにはまだかなりの時日が要った。

五〇〇〇人を超えたこの夜の『全集』刊行記念集会に、いるべきもう一人の編者である仲原清の姿が見えなかった。どうしたのだろう。

仲原は二年半前の一九八〇年六月二一日に急逝していたのだ。

「夕食後にトイレへ行って出てきたら、目の前にいろんなものが飛んでいると言って倒れたんです」。当時、東京でタクシー運転手をしていた仲原の長男の夏生さんが、飛んで帰ったあと母の喜子からそう聞いた。死亡時刻は午後九時三五分、脳出血だった。六七歳。仲原は『全集』の刊行をどれだけ熱望していたことか。大石の文章を四〇〇字詰め原稿用紙に筆写し、それは六八〇〇枚にも達し、『全集』用にと森長に送っていた。それに基づいて年表も作成すると森長に意気ごみを伝えていた。それだけではない。「森長資料」には、書簡とは別に仲原が新宮の地誌、人物、歴史、方言、歌などさまざまなことをゴマ粒のような字で書きこんだ手札サイズの情報カードが二〇〇枚以上収められてある。それらはほとんど『全集』の解説に活かされている。

仲原が森長と並んで『全集』の編者になっているのは当然とはいえ、完成した『全集』を手にしたかっただろう。仲原なくして『全集』が出来なかったことは森長が一番よく知っていたのだから。森長は「編者のことば」の末尾で「痛恨の極み」とのみ記し、『図書新聞』のインタビューでは「全集が出るまで生かしておきたかった」と語っている。短いことばに森長の仲原への万感の思いがこめられてある。

「仲原さんはあまり自分を語らなかった。私もまた仲原さんの前半生を聞くようなことはしなかった」。自己の生き方を重ねるように森長は「仲原清　追想」(『熊野誌』第二七号)をこう書き出している。森長が仲原からもらった手紙やはがきが「二百数十通にもなる」が、「私から聞いたり注文したりするだけで」仲原からの注文や質問はまったくなかったという。

定職を持っていなかった仲原の家計が楽でないことは、森長も知っていた。時々資料代として送ると、すぐに送り返してきた。育ち盛りの四人の子どもを養うために、妻の喜子は夜遅くまでパートで働き、子どもたちは昼も夜もラーメンということもあったと聞いて、森長は「仲原はけしからん奴だと」思った。しかし喜子からは「でも楽しかったワといわれた」と、ほろっとする話を明かしている。

「父の森長さんへの対応はとても丁寧でした。ですから、裏方で十分に満足し、それ以外のことは何も望まなかったでしょう」。夏生さんの話にわたしはうなずく。仲原の森長宛ての書簡は調査の報告ばかりだが、頭語に置かれた何気ない挨拶に森長に対する仲原の敬意の情が滲み出ていたからだ。森長はそういう出会いのできる人だった。

『全集』編集の合間を縫って森長が仲原の墓参をしたのは、没後から八カ月ほどした八一年二月だった。その折り仲原夫人の喜子は初めて会う森長にどうことばを交わしていいかわからず、ドキドキして緊張のあまり三日前から頭や胃が痛くなり、「どうしていいか分かりませんでした」と森長への礼状の中で書き、つづけてこう書いている。「お目にかかりまして、暖かいお顔を拝見致しました瞬間、ホーッと力がぬけてしまうような気がしまして、大変嬉しく存じました」。仲原喜子はとても率直な人だったようで、清の調査研究を援けるための苦労にもかかわらず、「楽しかったワ」と森長に言ったのはこのときだった。森長にはそんなことも言える気さくな雰囲気が漂っていたのだ。

「森長さんが墓参に見えたときに、僕はここ宝泉寺の住職になったばかりでした。森長さんが、ここは何宗かね？ と訊かれるので、曹洞宗ですと言いましたら、曹洞宗もねえ、と首をひねられたんです。僕に、曹洞宗もねえ、と言われても、僕は管長じゃないし、困って、はあ、とか何とか言ったんですが。ハハ……」

二〇一八年一二月、新宮市熊野川町赤木の曹洞宗宝泉寺住職の夏生さんを訪ねた折、夏生さんはふと思い出したようにそんな話を、笑いに包んで話すのだった。森長には、「国家の嘘」で死刑にされた内山愚童を追放処分にした曹洞宗はいったいどうしているのか、という思いがあったのだろう。

喜子から森長への書簡も「森長資料」に二〇通近く残されてあるが、その中でいぶかしく思った書簡がある。仲原急死後に、森長は自身の仲原宛ての書簡を処分するようにという手紙を出していたらしいのだ。「お申し付け下さいましたお手紙の件、たくさんたくさんございますので、毎日少しずつさがしておりますす。必ず焼かせていただきます。どうぞ御心配下さいませぬように」。一九八〇年七月一〇日付の森長宛ての喜子の手紙にこう書かれてあったからだ。それから二〇日ほどした七月三〇日付の喜子の手紙には「お申し付け下さいました件、まだまだたくさんのもの整理中でございますので、そのうち一生懸命さがし出して見ます」とある。森長からの書簡の類を夏生さんに探してもらった折に、一通も見つからなかった謎がこれで解けた。森長がなぜ処分を頼んだのかはわからない。夏生さんも「さあ」と首を傾げるだけで、知っているだろう喜子は二〇〇七年に他界していた。

最も身近な人、妻のそのを失った翌七九年夏、森長は雑誌で三年近く連載していた、裁判から自由民権運動とその時代をみた『裁判　自由民権時代』をまとめた。同時進行で『法学セミナー』に七八年五月から八一年三月まで三年近く連載していた『足尾鉱毒事件』(上・下)を上梓したのは、最大の協力者の仲原が突然去ったあとの八二年三月だった。大石の『全集』編纂に取り組みつつ、「大逆事件」とは直接には結びつかない足尾鉱毒事件にも取り組んでいたのである。弁護士としていくつかの民事事件も抱えていた。

森長が足尾鉱毒事件に関心を持ったのは主任弁護人として再審請求を進めていた六〇年代初めで、そのころから資料の渉猟をしていたという。『足尾鉱毒事件』は「法律家の目で、一件の日時もゆるがせにせぬ正確さをもって裁判関係の記述を行った」のが「際立った特徴」と評価された(『朝日新聞』一九八二年三月二九日付書評)。森長は、東京へ向かう被害農民約三〇〇〇人が、それを阻止しようとした群馬県警察部と衝突した川俣事件の裁判で抵抗権が主張された事実に注目する。また谷中村の水没に抗する一坪地主闘争、さらに谷中村の中に日本政府の支配を受けないもう一つの「日本国」を建設しようという、井上ひさしの『吉里吉里人』を思わせるような画期的な反体制運動などにも言及する。足尾鉱毒事件での民衆の闘いには、その後の住民運動などの原点になる思想、試み、闘争が数えきれないほど詰まってあることを森長は同書で明らかにした。敗北はしても次代につなげる試みや運動をすれば、やがてそれは実をつけるとみていた森長の思想は、「大逆事件」に取り組んできて得たことだ。

『足尾鉱毒事件』を出した八二年、森長は七六歳になっていた。そろそろ「大逆事件」一本に絞ろうかなと、身近な人に漏らすようになったのはこのころだろうか。

「これからは管野すが、内山愚童についてまとめたい。これで私の大逆事件は完結する」

『図書新聞』のインタビューで力をこめて語ったのは、『全集』が刊行されて二カ月後の一〇月である。このことばどおり森長はすでに『内山愚童』の執筆に取りかかっていた。

「私は愚童の思想形成過程の追求と、大逆事件中の三分の一の内山愚童に関連するもの、その周辺を書くべき義務感のようなものを感じています」。八〇年四月二九日付の澤地さん宛てのはがきである。森長は澤地さんにはほとんど「大逆事件」については話さなかったようだから珍しい。愚童についての執筆意欲はかなり強かったのだ。

はがきの中で森長が「大逆事件」の三分の一が「愚童に関連」と書いているのは、事件が三つの出来事を一つにして出来上がっていたからだ。宮下、新村、管野、秋水ら爆裂弾に関連した事件、もう一つは秋水、大石、松尾、森近、坂本らが一九〇八年一一月に「謀議」したという事件、三つが皇太子への危害を語った愚童、その話を聞いた岡林、小松らが連座させられた事件をいう。

管野についても「森長資料」で見るかぎり相当の調査研究が進んでいたようだが、執筆にまではかかっていなかった。

森長は筆まめだった。もらった手紙には、簡単だがすぐに返事を書いた。書籍などを謹呈されると、きっちり読んで一言感想を添えて礼状を出していた。「ほとんどはがきで、推敲なんかぜんぜんせずに出していました」と桂子さんはいう。澤地さんが『文藝春秋』で連載していた「昭和史のおんな」「続昭和史のおんな」には、毎号贈られてくるたびに必ず感想のはがきを書き送っていた。それぞれ単行本化され、それらへも改めて感想を書き送っている。澤地さんの手もとに残されたそれらを読むと森長は、彼女の仕事に敬意を払い、身体を心配し、励ますように見守っていたことがそこはかと感じられる。

しきたりなどはほとんど無視していたような森長だが、年賀状だけは妻の亡くなった翌年以外はほとんど出していた。山泉さんは何通か森長の賀状を残しているが、どれも形式ばらず、飾らない文章である。八三年の賀状はしかし、いつもの味わいだけではなかった。

「賀正　早ばやとお年賀状ありがとうございます。私こと日暮れて道遠しといってきましたが、いまはそれに足弱くが重なって、元旦に着くように賀状の準備ができませんでした。そんなことから私の賀状はこれをもって終りとし、そのかわりに、すみれや萩の花などの咲く頃に、気が向いたときは偶感をお送りすることにしたいと思います。長年世間の習慣を尊重してきましたので、この度のわがままをお許し下さい。あなたの末ながきご健康をいのります」

「偶感」と記すところが森長らしかった。

著作だけでなくこれからの「あきらかにする会」の運動をどう進めていくかについても森長は気にかかっていた。「大逆事件」の研究者や関心を持っていた市民らの世代も少しずつ代わり、八三年一月に三代目の事務局長の大原慧がイギリスへ留学し、明治大学専任講師だった山泉進さんへ四代目事務局長のバトンが渡された。大原は八五年二月、留学先のイギリス・シェフィールドで白血病のために急死した。

山泉さんは秋水と同郷の中村出身で一九四七年生まれのバリバリの若手研究者だった。森長はそうした若手のために東京における「大逆事件」関連の遺跡めぐりを企画した。「大逆事件・東京探訪」である。

山泉さんの話では、第一回は四月二三日にあり、四谷の南寺町にあった堺利彦の売文社跡、新宿区の旧柏木に住んでいた秋水、管野の居住地を森長の案内で訪ねた。「森長さんは明治時代の地図を用意されてね、とても丁寧に案内していただきました」。東京探訪は五月二一日にも第二回があり、やはり森長が地図を用意し、奥宮健之の墓のある染井霊園、「巣鴨平民社」、森近運平の住居跡、東京監獄刑場跡などをめぐった。好評の企画で参加者は二回とも二〇人を超えた。そのとき森長がつくった詳しい地図が「森長資料」にあり、森長が足で歩いて確認をしてきたことがよくわかる。

「僕は故郷の関係で秋水や清馬や彼らの周辺については知っていましたが、「大逆事件」全般についてはほとんど知りませんでした。大学で文献ばかり読んでいましたから、実際の事件の歴史などわかっていなかったです。東京探訪は森長さんが次の世代のために企画されたんです。ただ僕は事務局長になっても、恐かったですね、森長さんが。いい加減なことは書けないし。でも森長さんは自然にいろんな人に出会わせてくれましてね。出ていらっしゃいと言われて行くと、そこに寒村さんがいたりしてね」

次を任された山泉さんのことばだが、森長は運動のバトンを次世代に託すだけでなく、もう一つやらねばならない「宿題」を持っていた。刑死した古河力作の墓がある若狭行きだった。若狭へ行けば、二六人の関係者の墓所はすべて回ったことになり、かねがね古河墓参をと願っていた。八三年三月に堺の娘の近藤真柄、それに再審請求などを熱く支援してきた﨑久保誓一の女婿の睦男が相次いで亡くなった。「お二人が亡くなられて、父はかなりがっくり来ていたようでした」。桂子さんからはそう見えた。

「そのころだと思いますが、仲原さんと親しく、父とも交流していた協力者の若林芳樹さんが詠まれた短歌に感ずるところがあったようで、それを色紙に書いて頂き送ってもらいました。色紙を額に入れ、父の座る食卓の椅子から真正面に見える壁に飾って、毎日見ては励みにしていました。これがそうなんです」。桂子さんはそう言って、若林からの色紙を取り出した。

年々にいよいよ若く新しく
ふ死鳥のごと生きぬき行かむ

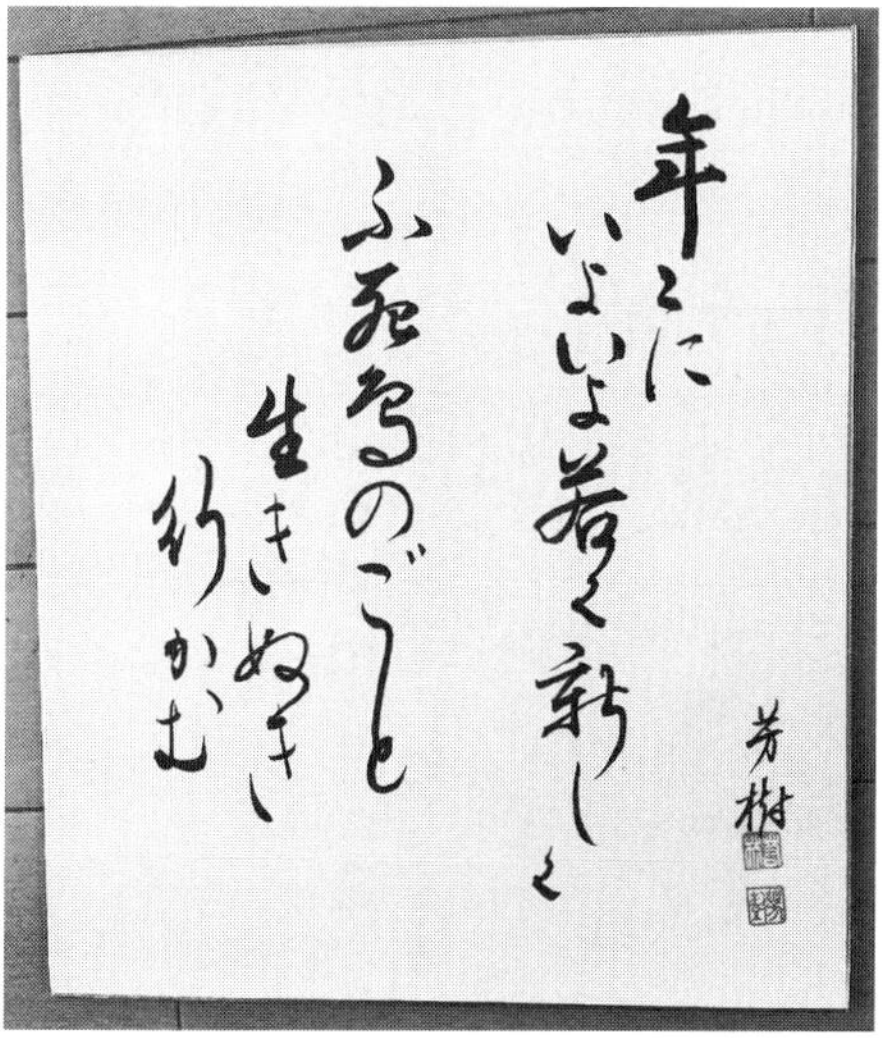

若林芳樹の短歌が書かれた色紙(渋谷桂子さん提供)

この短歌に元気をもらって森長が若狭行きを実行したのは、二回目の東京探訪から三日後の五月二四日で、二泊三日の旅だった。若狭行きは納得の、大満足の旅だった。桂子さんが見せてくれた何枚かの写真のうち、古河家の菩提寺の曹洞宗妙徳寺で、出されたお茶の入った茶碗を両手で包むようにして和尚と話している森長の静かな表情がとてもいい。これでやっと宿題が終わったという安堵の思いが森長の全身に広がったことだろう。

この写真を見ながらわたしは、鬱蒼とした緑の中にある妙徳寺を訪ねた候を思い出した。それは、森長から二四年後の同じ五月だった。

次世代のための「大逆事件・東京探訪」はもう一回予定されていて、その打ち合わせなどで山泉さんは五月三一日午後に大京町の森長事務所を訪ねた。「あきらかにする会」の今後についてもアドバイスをもらった。山泉さんに会う前の午前中、森長は家永三郎や中野好夫らと編者になっていた『正木ひろし著作集』(全六巻)の版元である三省堂の編集者の訪問を受け、最終巻の編集後記を依頼され快諾した。森長はこの日また、全四巻の『史談裁判』の全体構成を改め、誤りなどを訂正した新編を出す予定で日本評論社の大石進さんと電話で相談をしている。

妙徳寺の和尚とゆったり話す森長(渋谷桂子さん提供)

数日前から体調を崩していた澤地さんに森長から『続昭和史のおんな』への礼状が届いたのは、同じ五月三一日である。いつものように誠実で温かい感想が記され、澤地さんの健康を気づかうことばが添えられてあった。

「『続昭和史のおんな』をありがとうございます。これで正・続刊行おめでとうございます。雑誌に出したものを、ライターに実名を出されて、本に入れなかったとのこと、そのお気持ちよくわかります。昭和史でなくても、明治・大正史でもそういう問題につきあたります。いつか日曜美術館の香月泰男で久しぶりにお顔を拝見して、少しやつれたナアと思いましたが、仕事を制限してながく生きる工夫をして下さい。原泉さんから「愛しき者へ(上)」を送ってこられたのをみると、貴女の解説がある(まだ読んでいません。これから)。どうも仕事を少なくすることがむずかしいようですネ」

一九六六年四月に澤地さんが「スパイ査問事件」を知りたくて森長に手紙を出し、事務所を訪ねて「裁判など法律的なことをさまざま教えていただくようになって」一七年、森長から届いた最後のはがきになった。

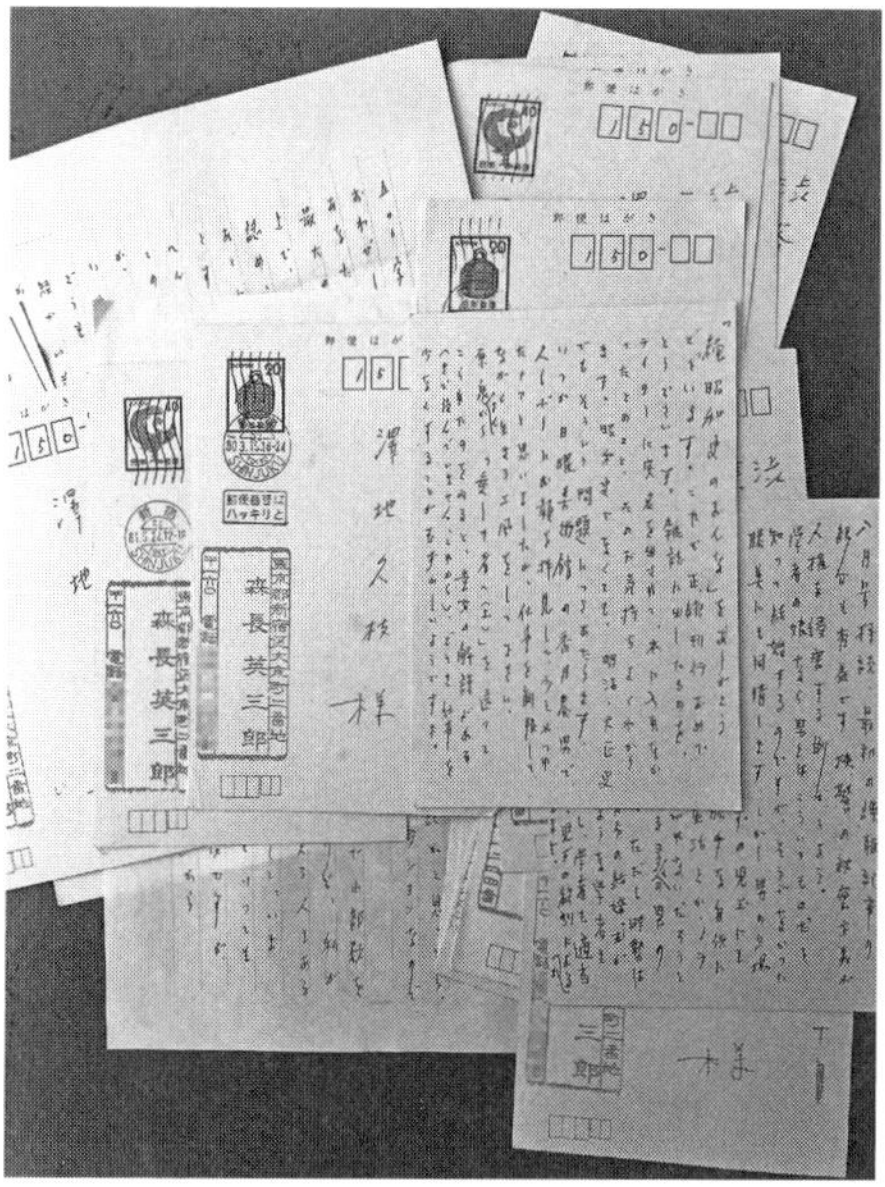

森長から澤地久枝さんに送られたはがき．真ん中が最後の礼状となった(澤地久枝さん提供)

森長英三郎氏(もりなが・えいざぶろう＝弁護士)

一日午前二時脳出血のため東京都新宿区大京町二の自宅で死去。七十七歳。告別式は三日正午から自宅で。喪主は長男英男(ひでお)さん。

戦前、宮本顕治・共産党議長のスパイ査問事件の弁護人を務めたほか、戦後はプラカード事件など著名な事件を担当。とくに三十六年一月に出した大逆事件の再審請求が有名で、現在は丸正事件の再審を手がけていた。労働事件専門弁護士の草わけ的な存在でもあった。明治憲法下の著名裁判を解説した「史談裁判」は、貴重な資料として残っている。

六月一日付『読売新聞』夕刊が伝える森長英三郎の訃報である。各紙もほぼ同じように森長の死去を伝えた。

「子どものお弁当を作って、起きて来ないなと思って見に行ったら……」。桂子さんにはその瞬間の動顛が今も残ってある。

森長は、妻のそのの仏壇のある八畳の和室でいつものように布団の中で大の字になって永遠の眠りに就いていた。

森長がいつも原稿などを書いていた六畳の応接間の丸テーブルの上には、『史談裁判』の新編用の編集プランと訂正原本が置かれたままだった。

半年後の一九八四年一月二四日、遺作の『内山愚童』が論創社から出版された。

森長の「大逆事件」は四〇年に及んだ。「天皇の裁判官」から自由になれなかった戦後司法をしっかかと見すえた森長は、「大逆事件」は「世紀の大事件」と強調しつづけた。それに取り組むのは「明治」という歴史の書き換えだとも言いつづけた。事件を記憶しつづけ、奪われた死者たちの尊厳を取り戻すために、であある。それが四〇年で終わらないことを森長は知っていた。

『評伝』の「前書き」の初めのところで森長は「予言」のように書いている。「おそらく今後一〇〇年、五〇〇年ののちまでも、〔大逆〕事件は語りつがれ、その真相が究明されて行くものであろうと思われる」。

森長英三郎が去って茫茫三十余年。「大逆事件」の表現をつづけてきた森長の一つひとつが実をつけていった様を、後から追ってきたわたしはつぶさに目にし、聴き、身体で感じてきた。

二〇一八年二月、「名誉市民」になったばかりの大石誠之助が、新宮駅前の「熊野文化を彩る人達」の一人として中上健次らと一緒に顔写真付きで登場し、市民や旅行者に微笑みかけている。二四人への死刑判決から一〇〇年後の二〇一一年には、「大逆事件の犠牲者たちの人権回復を求める全国連絡会」(「大逆事件サミット」)が結成され、二〇二〇年に第五回の大会が開かれるまでになった。金子武嗣弁護士らが新たな再審請求のために進めている供述調書のコンピュータ解析などを使った「大逆事件」の資料集も間もなく出来るだろう。

「大逆事件」に取り組みつづけた弁護士・森長英三郎は、一粒の麦として死した。その余韻は一〇〇年、いやもっとつづくだろう。

新宮駅前にある看板「熊野文化を彩る人達」の大石誠之助(2019年6月，著者撮影)

注

（1）与謝野は、『三田文学』（一九一一年四月号・春季特別号）に「春日雑詠」の題で発表した詩の第四連を少し変えて「誠之助の死」として独立させ、詩集『鴉と雨』（一九一五年）に収めた。詳しくは辻本雄一「与謝野寛の詩「誠之助の死」成立にみる、晶子の「大逆事件」」（『熊野誌』第五八号）。

あとがき

森長英三郎は、「大逆事件」の過去、現在、そしてこれからを語るには欠かせない人である。しかし森長は捉えるには難き人であった。わたしは二〇一二年から一三年にかけて、雑誌『世界』で連載していた「未完の戦時下抵抗」の中で森長に迫ろうとしたが、果たせなかった。どこをのぞいても、叩いても「戦時下」の森長の姿は影さえ見えず、声も聞こえてこなかったから。連載という時間の壁も大きく立ちはだかった。

その後、わたしは「大逆事件」に関係した『飾らず、偽らず、欺かず　管野須賀子と伊藤野枝』『囚われた若き僧　峯尾節堂　未決の大逆事件と現代』(ともに岩波書店)の二つの作品を書いた。両書の取材、執筆の過程で森長の存在がさらに大きくなり、迫ってきた。弁護士・森長英三郎はどうしても書かねばならない。

弁護士は受任した事件などの裏方である。本づくりで言えば、編集者に似ているだろう。結果は別にして裁判が終われば、弁護士は舞台から退場するのがふつうだ。森長は地味で、出しゃばらず、闘う弁護士のイメージにも遠い。布施辰治や山崎今朝弥のように目立った存在ではなく、物語性に富んでもいない。

森長はしかし再審請求が最高裁で棄却になっても「大逆事件」のメインステージからは退場せずに、自ら表現という舞台を作って語り通した。森長が「大逆事件」にかかわりつづけたのはなぜなのか、その源泉とエネルギーはどこから来ているのか。それを訪う道行きが本作である。

森長はわたしが予想したよりはるかに起伏のある道を歩き、徴兵されなかった幸運もあって、自由を核にした、権力や権威に屈しない抵抗の水脈を戦時下で掘っていた。森長の「大逆事件」を見つめる眼差しの底には、無残に死していったあらゆる被害者の存在があった。過去をひたと見つづけ、記憶しつづけ、語りつづけることを止めなかったのは、その水脈が導いたのである。

わたしにとって「大逆事件」では四作目になる本書は、「伝記お断り」の森長へのささやかな報告でもある。

「大逆事件」は現在もなおさまざまな形で語られ、活動がつづいている。これからも多くの人に語られていくだろう。時効なき「大逆事件」——だから表現されつづける。それは、「一粒の麦」として死した森長の四〇年の言動が創り出したことなんだと、書き終えた今しみじみと思う。

＊　＊　＊

本書は渋谷桂子さんの全面的な協力のおかげで生まれました。一時、桂子さんの体調が悪くなるほど多くの無理を強いたことをお詫びしつつ、心から感謝申し上げます。病身の三人のご兄弟からも折々に桂子さん経由でそうだったのかと思える、貴重なお話を届けていただきました。謝意をお伝えしたいと思います。法政大学ボアソナード記念現代法研究所には、所蔵資料の閲覧などに多大な便宜を図っていただきました。厚く御礼申し上げます。

仲原夏生さんには、森長さんを尊敬してやまなかった亡父の仲原清さんの風姿を生き生きと語っていただきました。金子武嗣弁護士は森長さんについて執筆するわたしの背中を何度も押し、そのプレッシャーは大きな励みになりました。感謝せざるを得ません。学生時代から「大逆事件」の再審請求にかかわられた小松隆二さん、生まれたころから森長さんに見守られていた大石進さんからは、それぞれ刺激的で参考になるお話を聞かせていただきました。大岩川嫩さん、山泉進さんにはいつもながら示唆に富んだお話をうかがい、また貴重な資料を提供していただきました。合わせて心より感謝いたします。森長さんの書簡をていねいに保存され、それを提供していただいた澤地久枝さんから「書簡が残っていて良かったわ」とくり返し言われて、じんときました。ありがとうございました。

こうした方がたのほかに、以下の皆さんのご協力も忘れられません。お名前を記して感謝の意を表したいと思います(五十音順、敬称は略させていただきました)。

大江眞里、荻野富士夫、毛原憲子、栗林確、佐野康子、下窪貢、辻本雄一、田中全、道前美穂、中田重顕、鍋島高明、西森洪太、西森重雄、濱野小夜子、濱野兼吉、森正、森奈良好、森山誠一、山内小夜子、山﨑泰、山本健一の皆さん。また徳島県神山町総務課職員、同町教育委員会職員、徳島県立城西高校事務職員、神奈川県立図書館相談員、町田市立中央図書館レファレンス係、新宮市立図書館職員の皆さんにもお世話になりました。

本書の編集は今回も田中宏幸さんに担当していただき、適切で鋭い指摘を受けました。わたしの「大逆事件」関係書の三冊が田中さんとの共同で作れたことは大きな喜びです。感謝せざるを得ません。

二〇一九年一一月二九日

田中伸尚

＊本書で引用した「森長資料」の書簡の中には、遺族の方が不在や不明のために連絡の取れなかったケースがありました。お心当たりの方は岩波書店までご連絡下さるようお願いします。

主な引用・参照文献

（雑誌類は紙幅の都合でごく一部に限った．

新聞，全集などの月報は割愛した）

阿部恒久『奥宮健之全集』上・下，弘隆社，1988年．

荒畑寒村，森長英三郎編『大逆事件への証言』新泉社，1975年．

石川啄木『石川啄木全集』第4巻，筑摩書房，1980年．

絲屋寿雄『大石誠之助——大逆事件の犠牲者』濤書房，1971年．

今村力三郎，専修大学今村法律研究室編『今村力三郎「法廷五十年」』専修大学出版局，1993年．

大石進『弁護士　布施辰治』西田書店，2010年．

大石誠之助，森長英三郎・仲原清編『大石誠之助全集』全2巻，弘隆社，1982年．

大植四郎『明治過去帳　新訂』東京美術，1971年．

大野武夫，大野武夫集編集委員会編『無門塾　大野武夫集』大野武夫集刊行会，1976年．

大野みち代『こぶしの花に寄せて　大野みち代遺稿集』私家版，2004年．

大原慧『幸徳秋水の思想と大逆事件』青木書店，1977年．

大原慧『片山潜の思想と大逆事件』論創社，1995年．

「大原慧さんを偲ぶ会」編・刊『追憶の大原慧』非売品，1995年．

荻野富士夫編『治安維持法関係資料集』第4巻，新日本出版社，1996年．

片岡優子『原胤昭の研究——生涯と事業』関西学院大学出版会，2011年．

金子武嗣『私たちはこれから何をすべきなのか　未来の弁護士像』日本評論社，2014年．

金子武嗣『歴史の精神を感じながら　金子武嗣著作集』日本評論社，2019年．

上分上山村誌編集委員会編・刊『上分上山村誌』1978年．

上分小学校百周年記念事業並びに本館改築推進委員会編・刊『上分小学校百年史』1984年．

神崎清編『大逆事件記録』第1巻「新編獄中手記」世界文庫，1964年．

神崎清『大逆事件』全4巻，あゆみ出版，1976-1977年.
教誨百年編纂委員会『教誨百年』上・下，浄土真宗本願寺派本願寺，真宗大谷派本願寺，1973，1974年.
近代日本社会運動史人物大事典編集委員会編『近代日本社会運動史人物大事典』全5巻，日外アソシエーツ，1997年.
講談社編・刊『昭和二万日の全記録』5，1989年.
幸徳秋水全集編集委員会編『幸徳秋水全集』第3，6，別巻1，別巻2，補巻(『大逆事件アルバム』)，明治文献，1968-1973年.
小松隆二『日本労働組合論事始――忘れられた「資料」を発掘・検証する』論創社，2018年.
堺利彦，川口武彦編『堺利彦全集』全6巻，法律文化社，1970-71年.
佐藤春夫『定本佐藤春夫全集』第15，18巻，臨川書店，2000年.
佐藤春夫『わんぱく時代』講談社文芸文庫，2010年.
佐藤春夫，鳥居邦朗編・解説『作家の自伝12　佐藤春夫』日本図書センター，1994年.
佐野稔『昭和史のなかの社会政策』平原社，1993年.
澤地久枝『忘れられたものの暦』新潮社，1982年.
澤地久枝『別れの余韻』文藝春秋，1984年.
塩田庄兵衛，渡辺順三編『秘録　大逆事件』上・下，春秋社，1961年.
『死刑囚の記録』上・下，私家版(出版者・刊行年とも不明).
重松一義『図鑑　日本の監獄史』雄山閣，1985年.
週刊朝日編『値段の明治・大正・昭和風俗史』朝日新聞社，1981年
週刊朝日編『値段史年表　明治・大正・昭和』朝日新聞社，1988年.
自由法曹団『自由法曹団物語』戦前編・戦後編　日本評論社，1976年.
鈴木義男伝記刊行会編・刊『鈴木義男』1964年.
専修大学今村法律研究室編『大逆事件』全3巻，専修大学出版局，2001-03年.
専修大学総長今村先生追憶会編『今村力三郎翁追想録』専修大学，1955年.
曹洞宗人権擁護推進本部編『仏種を植ゆる人――内山愚童の生涯と思想』曹洞宗宗務庁，2006年.
大逆事件五十周年記念会準備会他編・刊『大逆事件――その真実の追究を再審請求のために』1960年.
大逆事件の真実をあきらかにする会編『大逆事件を生きる――坂本清馬自

伝』新人物往来社，1976 年.
大逆事件の真実をあきらかにする会編・刊『大逆帖』1981 年.
大逆事件の真実をあきらかにする会編『大逆事件の真実をあきらかにする会ニュース』第 1-48 号，ぱる出版，2010 年.
大日本法曹大観編纂会編『大日本法曹大観』国民社，1936 年.
「高木顕明の事績に学ぶ学習資料集」編集委員会他編『高木顕明の事績に学ぶ学習資料集』真宗大谷派宗務所，2010 年.
田中伸尚『飾らず，偽らず，欺かず　管野須賀子と伊藤野枝』岩波書店，2016 年.
田中伸尚『大逆事件　死と生の群像』岩波現代文庫，2018 年.
田中伸尚『囚われた若き僧　峯尾節堂　未決の大逆事件と現代』岩波書店，2018 年.
辻本雄一『熊野・新宮の「大逆事件」前後――大石誠之助の言論とその周辺』論創社，2014 年.
帝国法曹大観編纂会編・刊『帝国法曹大観』1915，1929 年.
帝塚山学院編・刊『庄野貞一先生追想録』1961 年.
七十周年記念誌編集委員会編『七十年史誌』非売品，徳島県立徳島農業高等学校，1976 年.
鍋島高明『反骨のジャーナリスト　中島及と幸徳秋水』高知新聞ブックレットNo.14，2010 年.
鍋島高明編『中島及著作集「一字一涙」』高知新聞社，2014 年.
西村伊作『我に益あり――西村伊作自伝』紀元社，1960 年.
日外アソシエーツ編・刊『20 世紀日本人名事典　あ～せ』2004 年.
年報・死刑廃止編集委員会編『日本のイノセンス・プロジェクトをめざして　年報・死刑廃止 2010』インパクト出版会，2010 年.
野口存彌『沖野岩三郎』踏青社，1989 年.
野田宇太郎『日本文学の旅 11　関西文学散歩　大和・紀州・阪神編』人物往来社，1967 年.
埴谷雄高『天啓と窮極』未来社，1976 年.
浜畑榮造『大石誠之助小伝』荒尾成文堂，1972 年.
平出修『定本平出修集』正・続，春秋社，1965 年.
広津和郎『広津和郎全集』第 5 巻，中央公論社，1974 年.
布施柑治『ある弁護士の生涯』岩波新書，1963 年.

法曹会編・刊『司法大観』1957年.
正木ひろし『冤罪の証明』「解説」(森長英三郎)旺文社文庫，1981年.
松尾尊兊編・解説『続・現代史資料Ⅰ　社会主義沿革1』みすず書房，1984年.
宮本顕治『宮本顕治公判記録』新日本出版社，1976年.
宮本顕治・宮本百合子『十二年の手紙』上・下，新日本文庫，1983年.
宮本百合子『宮本百合子全集』第6，24，25巻，別冊，新日本出版社，1979–1981年.
宮本百合子追想録編纂会編『宮本百合子』岩崎書店，1951年.
杜性次・福永真純編『移り行く山村　上分上山の山河』上分農業協同組合，1981年.
森正『評伝　布施辰治』日本評論社，2014年.
森長英三郎『大石誠之助の情歌』西村記念館，1965年.
森長英三郎『史談裁判』全4巻，日本評論社，1966–1975年.
森長英三郎『東京監獄・市ヶ谷刑務所　刑場跡慰霊塔について』私家版，1967年.
森長英三郎『風霜五十余年』私家版，1967年.
森長英三郎『山崎今朝弥』紀伊国屋新書，1972年.
森長英三郎『禄亭大石誠之助』岩波書店，1977年.
森長英三郎『裁判　自由民権時代』日評選書，1979年.
森長英三郎『足尾鉱毒事件』上・下，日評選書，1982年.
森長英三郎『内山愚童』論創社，1984年.
森長英三郎『新編史談裁判』全4巻，日評選書，1984年.
森長英三郎『日本弁護士列伝』社会思想社，1984年.
山泉進『大逆事件の言説空間』論創社，2007年.
山泉進・村上一博編・著『山崎今朝弥　弁護士にして雑誌道楽』論創社，2018年.
山崎今朝弥，森長英三郎編『地震・憲兵・火事・巡査』岩波文庫，1982年.
山中千春『佐藤春夫と大逆事件』論創社，2016年.
与謝野寛『鴉と雨』東京新詩社，1915年(国立国会図書館デジタルコレクション).
吉岡金市『森近運平——大逆事件の最もいたましい犠牲者の思想と行動』日本文教出版，1961年.

吉岡金市・森山誠一他編『森近運平研究基本文献』上・下巻，同朋舎出版，1983年．

吉田久一『日本近代仏教史研究』吉川弘文館，1959年．

我妻栄他編『日本政治裁判史録　明治・後』第一法規出版，1969年．

若林芳樹『なんじゃもんじゃ』文芸広場社，1998年．

雑誌・機関誌類

「救援運動の再建と政治犯の釈放(1)　梨木作次郎氏に聞く」『大原社会問題研究所雑誌』No.519，2002年2月．

「食糧メーデーと天皇プラカード事件――松島松太郎氏に聞く(1)(3)」『大原社会問題研究所雑誌』No.534，537，2003年5，8月．

大逆事件の真実をあきらかにする会編・刊『大逆事件ニュース』第49-58号，2010-2019年．

仲原ヒノキ(清)「大石誠之助の情歌論」『熊野誌』第23号，1977年．

森長英三郎「婦人と法律学習力」『婦人問題』1936年11月号．

森長英三郎「性の法律読本(1)-(3)」『性教育』，1936年11月-1937年1月．

森長英三郎「最初の大逆事件　1，2，3」『法学セミナー』1957年9-11月号．

森長英三郎「大逆事件の法律」『労働運動史研究』第22号，1960年7月．

森長英三郎「大逆事件再審請求について」『ジュリスト』1963年6月1日号．

森長英三郎「大逆事件再審への事実調べ」『法律時報』1963年11月号．

森長英三郎「大逆事件再審への事実調べ　その二」『法律時報』1964年4月号．

森長英三郎「大逆事件再審請求棄却決定まで」『法律時報』1966年2月号．

森長英三郎「大逆事件・特別抗告棄却まで」『法律時報』1967年10月号．

森長英三郎「書かれざる断章」『霧月通信』第1号，1968年11月．

森長英三郎「私の事件史のなかの天皇制」『法律時報』1976年4月号．

森長英三郎「代言人・弁護士伝記書誌――伝記でみる日本弁護士史」『判例タイムズ　別冊3　現代社会と弁護士』1977年8月5日号．

森長英三郎「仲原清追想」『熊野誌』第27号，1981年．

森長英三郎「大石誠之助と私」『燔祭』第16号，1982年．

森長英三郎「大石誠之助の市民権」『燔祭』第19号，1983年．

山泉進「ほんの30年前，ちょっと昔のこと――初期社会主義研究会創立の頃の回想」『初期社会主義研究』第25号，2014年5月．

田中伸尚

ノンフィクション作家.『ドキュメント 憲法を獲得する人びと』(岩波書店)で第8回平和・協同ジャーナリスト基金賞. 明治の大逆事件から100年後の遺族らを追ったノンフィクション『大逆事件——死と生の群像』(岩波書店, のちに岩波現代文庫)で第59回日本エッセイスト・クラブ賞. 著書に『飾らず, 偽らず, 欺かず 管野須賀子と伊藤野枝』『囚われた若き僧 峯尾節堂 未決の大逆事件と現代』『行動する預言者 崔昌華——ある在日韓国人牧師の生涯』(以上, 岩波書店),『靖国の戦後史』(岩波新書),『いま,「靖国」を問う意味』(岩波ブックレット),『ドキュメント昭和天皇』全8巻(緑風出版),『反忠——神坂哲の72万字』(一葉社),『これに増す悲しきことの何かあらん——靖国合祀拒否・大阪判決の射程』(七つ森書館),『不服従の肖像』(樹花舎),『さよなら,「国民」——記憶する「死者」の物語』(一葉社)など個人の自由と国家の関係を問う著書多数. 1988-95年,「アジアに対する日本の戦争責任を問う民衆法廷準備会」の代表世話人の一人を務めた.

一粒の麦死して 弁護士・森長英三郎の「大逆事件」

2019年12月25日 第1刷発行

著 者 田中伸尚《たなかのぶまさ》

発行者 岡本 厚

発行所 株式会社 岩波書店
〒101-8002 東京都千代田区一ツ橋2-5-5
電話案内 03-5210-4000
https://www.iwanami.co.jp/

印刷・理想社 カバー・半七印刷 製本・牧製本

ISBN 978-4-00-024541-8 Printed in Japan

田中伸尚の本

大逆事件——死と生の群像
岩波現代文庫
本体一三四〇円

飾らず、偽らず、欺かず
管野須賀子と伊藤野枝
四六判二五〇頁
本体二一〇〇円

囚われた若き僧　峯尾節堂
未決の大逆事件と現代
四六判二一四頁
本体二一〇〇円

未完の戦時下抵抗——屈せざる人びとの軌跡
四六判三三〇頁
本体三二〇〇円

抵抗のモダンガール　作曲家・吉田隆子
四六判一六六頁
本体一九〇〇円

行動する預言者　崔昌華——ある在日韓国人牧師の生涯
四六判三七二頁
本体三〇〇〇円

岩波書店刊
定価は表示価格に消費税が加算されます
2019年12月現在